시장부터 공장까지 **중국 상품 완전 정복**
China Sourcing

# 중국 소싱 노하우

# 중국 소싱 노하우

초판 1쇄 발행 | 2013년 4월 19일
개정판 1쇄 발행 | 2015년 10월 5일
개정2판 1쇄 발행 | 2018년 9월 30일

지 은 이 | 이중엽
펴 낸 이 | 이은성
펴 낸 곳 | e비즈북스
편　　집 | 김윤성, 김은미, 황서린
교　　정 | 한정아
디 자 인 | 이윤진, 이재윤

주　　소 | 서울 동작구 상도2동 206번지 가동 1층
전　　화 | (02)883-9774
팩　　스 | (02)883-3496
E-mail | ebizbooks@hanmail.net
등록번호 | 제379-2006-000010호

ISBN 979-11-5783-126-5 13320

e비즈북스는 푸른커뮤니케이션의 출판브랜드입니다.

이 도서의 국립중앙도서관 출판예정도서목록(CIP)은 서지정보유통지원시스템 홈페이지 (http://seoji.nl.go.kr)와 국가자료공동목록시스템(http://www.nl.go.kr/kolisnet)에서 이용하실 수 있습니다.(CIP제어번호: CIP2018027856)

시장부터 공장까지 **중국 상품 완전 정복**
China Sourcing

이중엽 지음

e 비즈북스

| 프롤로그 |

장사꾼이 물건을 잘 팔 수 있는 비결은 무엇일까? 간단하다. 소비자가 선호하는 싸고 질 좋은 물건을 팔면 된다. 그래서 장사꾼들은 유행하는 물건이 집결될 뿐만 아니라 싸고 질 좋은 물건이 많이 모이는 도매시장 및 공장을 항상 찾아다녀야 한다. 그러나 우리나라는 인건비와 원자재비의 상승 때문에 저렴하면서도 고품질인 물건을 구하는 것이 점점 어려워지고 있다.

이런 상황 속에서 지난 20년간 변함없이 소비자의 욕구를 만족시켜주고 상인들의 높은 이윤을 가능하게 해준 것이 중국 제품이다. '싼 게 비지떡', '저가 중국산 제품은 가치가 없다', '쓰레기 제품이다'라고 불리면서도 가격 대비 품질이 우수해 소비자들의 욕구를 만족시켰다. 그리고 계속 발전을 거듭하면서 '짝퉁의 왕국'이라는 오명은 점점 사라지고 있으며 우수한 기술력으로 정품에 당당히 도전장을 내밀기도 한다. 지금 이 순간 우리나라뿐만 아니라 세계 유수의 바이어들은 중국의 도매시장 및 공장을 찾아 나서고 있다.

그러나 중국의 도매시장 및 공장을 무작정 찾아간다고 해서 저렴한 단가로 질 좋은 상품을 쉽게 구할 수 있다는 생각은 섣부른 판단이다. 중국에서 한 번이라도 물건을 구매해본 사람이라면 중국 상인들의 바가지 기술에 놀란 경험이 한 번쯤은 있을 것이다. 물론 어떤 나라든 여행객을 대상으로 바가지 요금을 받곤 하지만 중국 상인들은 상대를 봐가며 지능적으로 바가지를 씌운다. 어딜 가도 모르면 당한다고 하지만 중국은 알아도 당하는 곳이다.

  중국은 공산주의 국가이지만 중국인들은 자본주의자보다 더 실리적이고 계산적이며 애매한 태도로 일관한다. 그리고 상황을 살피며 자신에게 유리한 쪽으로만 행동한다. 필자도 이런 중국인들의 이기적이고 계산적인 행동에 치를 떤 적이 많다. 그러나 한번 신뢰를 쌓은 사람, 자신에게 도움을 준 사람이라면 물불 가리지 않고 도와주는 사람이 중국인이기도 하다. 오랜 시간 알고 지내며 정이 들면 가족 이상의 관심과 사랑을 주며, 도와줄 때도 미안할 정도로 온 정성을 다해 도와준다. 이기적이고 거만한 듯하지만 마음이 따뜻하며 유쾌하고 화통한 사람들이다. 따라서 중국인들의 기질과 특성을 잘 파악하고 신뢰를 쌓는다면 오히려 도움을 받으면서 품질 좋고 싼 물건을 쉽게 구할 수 있다.

물론 중국 소싱이 쉽지만은 않다. 하지만 소규모 상인이 아니라 좀 더 큰 상인이 되기 위해서는 더욱 저렴하고 좋은 물건을 찾기 위해 전 세계 상인들이 모이는 중국 시장에 관심을 가지고 뛰어들어야 한다. 게다가 전 세계인이 이용할 수 있는 오픈마켓이 활성화되고 국가 간 교류가 활발해지는 세계화 시대에는 잠재 소비자를 국내뿐만 아니라 여러 나라로 확대해야 한다. 그래서 성공한 무역 상인들은 대부분 중국 도매상이나 공장을 통해 물건을 사입하고 이를 전 세계에 판매하여 큰돈을 벌어들이고 있는 것이다.

이 책은 중국 소싱을 하고 싶지만 낯선 언어 및 문화, 새로운 국제 시장에 대한 막연한 두려움으로 어떻게 접근해야 할지 망설이고 있는 사람들을 위해 썼다. 12년 동안 중국과 무역하고 5년 동안 중국 현지에 거주했으며 2010년부터 중국 시장 조사단을 운영하면서 쌓아온 노하우를 알려주려고 한다. 물론 수십 년간 중국 무역을 하여 대한민국 유통을 좌지우지하는 사람들에 비하면 너무나 부족하고 짧은 식견일 수 있다. 하지만 중국 소싱이 처음이거나 중국 시장에 대해 궁금해하는 독자들에게는 도움이 될 수 있으리라 생각한다. 본래 글 솜씨가 없고 개인의 경험에 근거해서 기술한 내용이 대부분이기 때문에 때때로 일을 진행하는 방법에 있어서 의견이 다를 수 있다. 그러나 많은 독자들이 필자가 중국 소싱을 하며 겪었던 고충을 겪지 않기를 바라는 마음에서 최선을 다해 꼼꼼하고 구체적으로 설명하고자 노력했다. 누구나 살기 어렵다는 요즘이다. 중국 사입을 통해 새로운 경쟁력을 갖춰 더 큰 상인으로 비약하길 바란다.

이중엽

| 목차 |

프롤로그 ...004

# 1장 | 중국, 제대로 알고 가자 ...013

### 01 _ 중국 제품의 잠재력 ...015
세계의 공장, 세계의 시장 | 생활 곳곳에 침투한 중국 제품 | 중국 제품의 경쟁력

### 02 _ 중국 제품 수입 노하우 ...019
샘플 구매 또는 최소 발주량 사입 후 재주문하자 | 운송 비용 절약을 통해 가격으로 승부하라
평범한 아이템을 찾아라 | 더 싼 공장을 찾아라 | 신상품을 잡아라

### 03 _ 이것만은 꼭 챙겨라 ...031
먼저 아이템을 선정하라 | 미리 단가를 알아두자
사입 규모를 정해둬라 | 국내 판매처를 확보해둬라

# 2장 | 중국 사입 여행, 철저히 준비하자 ...047

### 01 _ 여행 준비 ...048
미리 계획을 짜라 | 비자 발급에도 요령이 있다 | 싼 티켓을 찾아라
환전만 잘해도 돈 번다 | 간단하게 꼭 필요한 짐만 꾸리자

### 02 _ 현지에서 준비할 것들 ...057
숙박 | 교통 | 식사 | 사고 대비하기 | 가이드 | 국제전화 저렴하게 이용하는 법

# 3장 | 실전에 필요한 행동 요령 ...077

### 01 _ 복장부터 체크하라 ...078

### 02 _ 시장 상인과 기 싸움에서 이기는 요령 ...081
가격을 물어보지 마라 | 전문 상인처럼 행동하라

### 03 _ 얕잡아 보이지 않는 요령 ...087
나는 빅 바이어다 | 선택은 신중히, 행동은 거침없게

### 04 _ 시장에서 통하는 중국어는 따로 있다 ...090

### 05 _ 끈기 있게 매달려라 ...092

06 _ 사장을 찾아라 ... 094
07 _ 명함 만들기 ... 096
08 _ 중국 메신저 서비스 가입하기 ... 097

## 4장 | 광저우 시장  ... 099

01 _ 광저우 시장은? ... 100
02 _ 광저우 주요 도매시장 ... 101
  꾸이화강 | 짠시루 | 짠첸루 바이마 시장 | 중산빠루 | 리안광장 | 스산항
  이더루 완링광장 잡화 도매시장 | 타이캉루 | 중따
  싸허 | 광저우 용푸 국제 자동차 용품 시장
03 _ 인터넷에 없는 광저우 도매시장 정보 ... 117
  광저우 따두스 신발성 | 광저우 스얼궁 예식 용품 시장 | 신아시아 국제 전자제품성
  난티엔 국제 호텔 용품 시장 | 관하이 편직청 | 스보청 | 신지샤시 호텔 용품 시장
  광저우 Best 아웃렛 매장 | 스취엔스메이 국제 장식 재료 시장 | 진푸 철물 도매시장
  잉푸우진 가죽 자재 상가 | 이파 피혁 상가 | 메이보청 | 화이 장식 재료 시장
  광둥성 콰이지에 자동차 용품 시장 | 화난 철물 가전성 | 지엔춘 아동복 도매시장
  오우야따 아웃렛 | 광저우 야오이 국제 차 도매시장
04 _ 광저우 시장조사 노하우 ... 129
  광저우 시장 찾아가는 방법 | 효과적인 시장조사 방법
  광저우 시장에서 다른 시장으로 가는 방법

## 5장 | 이우 시장  ... 137

01 _ 이우 시장은? ... 138
02 _ 이우 주요 도매시장 ... 139
  푸텐 시장 | 황위엔 시장
03 _ 인터넷에 없는 이우 도매시장 정보 ... 143
  이우 자동차 용품 도매시장 | 라리엔쭈안예지에 | 용성 종이 시장 | 재고 시장
  이우 우즈 시장 | 이우 장식 용품 시장 | 스치야토우 장식 재료 전문 시장 | 이우부 식품 시장

농마오청 야채 도매시장 | 이우 디지털 시장 | 동양 중국 목조성

04 _ **이우 시장조사 노하우** ... 151

이우 시장 찾아가는 방법 | 효과적인 시장조사 방법 | 우수 추천 매장

## 6장 | 칭다오 시장 ... 157

01 _ **칭다오 시장은?** ... 158
02 _ **칭다오 주요 도매시장** ... 159

지모루 시장 | 청양 도매시장 | 지묵 의류 도매시장 | 중한국제 소상품성

03 _ **인터넷에 없는 칭다오 도매시장 정보** ... 165

칭다오 민생 상무성 | 지묵와이마오청 의류 도매시장 | 지묵 소상품 시장

04 _ **칭다오 시장조사 노하우** ... 168

칭다오 시장 찾아가는 방법 | 효과적인 시장조사 방법

## 7장 | 선전 시장 ... 171

01 _ **선전 시장은?** ... 172
02 _ **선전 주요 도매시장** ... 173

화창베이 전자 세계 | 사이거 전자 시장 | 국제 전자성 | 대도시 전자성
중전 디지털 세트 중심 | 동문 시장 | 뤄후 상업성

03 _ **선전 시장조사 노하우** ... 178

선전 시장 찾아가는 방법 | 주문 시 주의할 점

## 8장 | 중국 공장에서 발주하는 노하우 ... 181

01 _ **공장 찾기** ... 182

알리바바에 의존하지 마라 | 좋은 공장 찾는 노하우 | 공장 찾아가기

02 _ **공장 발주하기** ... 188

단가 받기 | 발주서 작성 요령 | 샘플 오더 진행 방법

### 03 _ 중국 공장 둘러보기 ... 198
액세서리 제조 공장 | 염색 공장 | 에폭시 작업 공장 | 플라스틱 사출 공장
철수세미 제작 공장 | IP 카메라 제작 공장 | 아이패드 케이스 제작 공장
서류 가방 제작 전문 공장 | 여성 전문 신발 제작 공장 | 배낭 가방 전문 제작 공장
가죽 핸드백 전문 제작 공장 | 코팅 제품 제작 전문 공장 | 광저우 파우치 전문 공장

### 04 _ 공장 발주 시 주요 체크 리스트 ... 211
생산 샘플 확인 | 결제 조건 확인 | 물건 인도 조건 | 제품 불량 시 처리 방법

## 9장 | 중국 제품 수입하기 ... 215

### 01 _ 운송비의 개념과 산출법 ... 216
운송비의 개념 | 운송비 산출하는 방법 | 포워더에게 운임 비용을 견적받는 방법

### 02 _ 자가 통관과 대행 통관 ... 219
사업자 통관(자가 통관) | 대행 통관(대리 통관) | 직접 통관 시 유의 사항
무역 회사나 검품 회사 이용 노하우 | 직접 사입해서 들고 오는 경우

### 03 _ 수입 시 유의할 점 ... 231
수입 신고 검사 대상 품목 확인 | 원산지 표기의 중요성
특허등록, 상표 및 디자인 등록 여부 확인

## 10장 | 품목별 주요 추천 매장 ... 237

광저우 추천 매장 | 이우 추천 매장

에필로그 ... 248

*일러두기
이 책에 나오는 중국어 고유명사는 국립국어원 외래어표기법을 따르기보다 독자가 이해하기 쉽도록 현장에서 두루 쓰이는 표기를 따랐다.

# 1장

## 중국, 제대로 알고 가자

중국 땅이 넓다는 것은 누구나 아는 사실이다. 전체 면적은 약 960만$km^2$로 전 세계 육지의 15분의 1을 차지하고 있으며, 러시아와 캐나다에 이어서 세계 3위로 영토가 넓다. 2018년 통계를 보면 인구는 약 14억 1500만 명이다. 이렇게 넓은 땅과 많은 인구를 지닌 중국은 미국과 어깨를 나란히 하는 명실상부한 경제 강국으로 성장했다. 기나긴 국공내전의 시련과 아픔을 딛고 새로운 사회 체제를 도입한 중국 정부가 개혁과 개방을 외치면서 경제 발전에 힘을 기울였기 때문이다.

개방 초기에는 국유 기업의 개조와 금융 체제의 개선, 정부 기관의 전환 등 개혁 정책을 통해 자본주의 사회의 시장경제 체제를 도입하기 시작했다. 개혁·개방 정책이 실시된 1978년부터 연평균 10%의 높은 성장률을 이루었으며, 세계 경제가 어렵다는 요즘에도 8~9%의 성장률을 유지하고 있다. 또한 2001년에 WTO에 가입했고, 2008년에는 베이징올림픽을 성공리에 개최했다. 2009년에는 독일을 제치고 수출 면에서 세계 1위 국가로 등극했다. 2010년에는 상하이 국제무역박람회를 치르면서 GDP 5조 달러를 달성하여 일본을 제치고 세계 2위의 경제 대국이 되었다. 현재 외환보유고는 3조 달러로 세계 1위다. 중국은 아주 짧은 기간 내에 G2로 성장하여 전 세계 경제에 큰 영향을 미치고 있다.

우리나라는 중국과 역사적으로나 지리적으로 매우 인접해 있다. 1992년 한·중 수교 이후, 수교된 지 130년이 된 미국보다도 급격하게 관계가 긴밀해졌다. 직·간접적으로 활발하게 투자하면서 중국은 우리나라 제1의 투자 대상국이자 제1교역국이 되었고, 우리나라는 중국의 제3위 교역 대상국이다. 1992년 수교 당시에는 64억 달러였던 교역 규모가 한-중 FTA 발효 2

년째인 2017년 양국의 무역액이 300조 원을 돌파했다고 한다. 고고도미사일방어체계THAAD, 사드를 둘러싼 중국의 한국 제품 수입 억제 정책이 조금씩 풀리면서 양국간 경제 교류는 더욱 증가할 전망이다. 또한 북한과 교류할 수 있는 기회가 생기면서 앞으로는 경제 교류가 훨씬 활발해질 것으로 보인다.

## 01 _ 중국 제품의 잠재력

### 세계의 공장, 세계의 시장

풍부한 노동력, 인구 14억 이상의 거대한 소비 시장, 인적 자원과 기초 과학 기술의 높은 수준으로 인해 중국은 세계 유수의 다국적 기업들뿐만 아니라 중소기업들도 제1의 투자 대상국으로 주목하고 있다. 한편, 더 이상 중국은 세계의 공장이 아니며, 노동집약적인 공장은 베트남 등지의 동남아시아로 이전하고 있다고 이야기하는 사람도 있다. 그러나 지금도 세계 500대 다국적 기업 중 400개 이상의 다국적 기업이 중국에 투자하고 있으며, 중국 현지에서 직접 생산하여 인구 14억 이상의 중국 내수 시장을 점령하기 위해 많은 비용을 마케팅에 쏟아 붓고 있다. 또한 중국의 유명한 대학과 공동으로 연구 센터를 설립하고 R&D 부분에 대한 연구를 계속하고 있다.

 이런 식의 장기적인 투자로 미루어 보아 중국은 20여 년간 세계의 공장으로서 업체별 협력 인프라를 체계적으로 구축해왔다. 다시 말해, 생산 노하우가 많이 쌓여 있다. 예전에는 중국 물건이라면 질 낮은 싸구려의 이미지가 강했지만, 이제는 품질 좋고 저렴한 물건이라고 인식한다. 우리나라에 있는 다이소나 1000원숍의 제품 중 80~90%가 중국산이지만, 가격에 비해 품질 좋은 제품이 많다. 오랫동안 중국은 크고 작은 각 나라 바이어들의 까다로운 기준을 맞춰주었고, 시스템이 잘 구축되어 있다. 중국보다 저렴한 노동력 때문에 많은 공장들이 이전하고 있는 베트남이나 태국, 말레이시아 등지의 동남아시아가 중국만큼의 인프라나 시스템을 구축하려면 10~20년의 시간이 걸릴 것이다. 초창기에 중국으로 이주한 한국 공장들이 정착하는 데까지 애를 먹은 것과 마찬가지다. 지금의 중국은 어떤 상황에서도 어떠한 오더나 의뢰도 해결할 수 있도록 시스템이 구축되어 있다. 『뉴욕타임스』에서 "밤 12시에 근로자들을 깨워서 생산 라인에 투입할 수 있는 나라는 중국밖에 없다"라고 말했을 정도로 중국은 많은 인구를 바탕으로 풍부하고 유연한 노동시장을 제공한다.

또한 많은 인구는 기업의 입장에서는 큰 시장을 의미하기도 한다. "팬티만 만들어 팔아도 14억 장 넘게 팔 수 있다"라는 농담은 중국 시장의 거대함을 단적으로 보여준다. "중국이 기침하면 전 세계 경제는 몸살을 앓는다"라는 말이 있을 정도로, 중국은 세계 공장이자 세계 시장으로서의 입지를 확고히 하고 있다.

## 생활 곳곳에 침투한 중국 제품

중국의 신화통신에 따르면, 전 세계 컴퓨터 가운데 90% 이상이 중국에서 생산된 것이라고 한다. 중국 산업정보화부는 「2011년 전자정보산업 통계」에서 중국의 휴대폰, TV, 컴퓨터 생산량이 세계 최대 수준이라고 발표했다. TV, 휴대폰, 컴퓨터 등 전자제품 생산량은 전 세계 출하량의 48.8%,

70.6%, 90.6%를 차지하고 있어서 명실상부한 제조업 대국의 면모를 보였으며, 수출 규모 역시 1조 1292억 달러로 중국 전체 수출의 31.0%를 차지했다.

이런 통계는 둘째 치더라도 가까운 주변을 둘러보면 생활용품, 문구, 완구, 패션잡화, 의류 등 상당수의 제품이 'Made in China'다. 지금 필자의 주변에 있는 마우스, 머그컵, 가방, 지갑, 지구본, 화이트보드, 의자, 노트북 받침대, 스피커 등 80% 이상이 중국산이다. 남대문, 동대문, 화곡동 유통상가, 영등포 유통상가, 방산 시장, 광장 시장 등등의 도매시장에 있는 제품의 70~80%는 중국산 또는 중국 부자재로 한국에서 조립한 제품이다. 외국 유명 여행지에서 관광 상품이나 유명 외국 브랜드의 제품을 사고 보니 'Made in China'라고 표시되어 있는 것을 본 경험이 있을 것이다. 이렇듯 중국 제품은 우리 생활 곳곳에 있다.

### 중국 제품의 경쟁력

한편, 중국 제품에 대한 편견도 많다. 품질이 안 좋다거나, 싼 게 비지떡이라는 말뿐만 아니라, 중국 제품이 예전처럼 싸지 않고, 불량이 많으며, 막상 한국으로 들여와 이것저것 제하고 나면 오히려 비싸다는 말도 많이 듣게 된다. 그러나 이는 객관적인 자료를 바탕으로 한 것이 아니라 어디까지나 경험에 근거한 주관적인 견해일 뿐이다. 실제로 우리 주변에는 저렴하고 품질 좋은 중국 제품이 너무나도 많다. 인터넷 오픈마켓만 봐도 전자제품을 제외한 대부분의 카테고리에 속한 제품의 원산지가 80~90%는 중국이다. 필자가 확인해본 결과, 가방, 지갑 등의 패션잡화와 액세서리 제품은 구매가 일어나는 상위 3페이지까지의 90%가 중국 제품이었다. 그리고 구매자의 90% 이상이 물건에 만족했다.

인터넷이 아닌 오프라인 상권을 살펴봐도 마찬가지다. 웬만한 중저가 의류, 신발, 가방 등의 대부분이 중국에서 생산된다. 또는 반제품이나 자재의 형태로 수입되어 마무리 공정만 한국에서 마치고 'Made in Korea'가 찍히기도 한다.

못 믿겠다면 주변 상가들의 제품 라벨에 표기된 원산지를 비교해보라. 원산지 표기가 되어 있지 않다면 중국산일 가능성이 크다. 'Made in China' 라벨을 제거한 제품도 많기 때문이다. 예를 들어, 액세서리는 대표적인 수공예 제품이다. 인건비에 따라 제품 가격이 달라지기 때문에 도금 제품을 제외한 웬만한 부자재 또는 완제품의 80% 이상이 중국산이다. 가방도 마찬가지다.

상황이 이렇다 보니 '벌써 많은 사람들이 중국 물건을 수입해서 판매하고 있다면, 웬만큼 잘 팔릴 만큼 괜찮은 제품들은 이미 다 들여왔기 때문에 더 이상 경쟁력이 없진 않을까?' 하고 생각할 수 있다. 그러나 이는 잘못된 생각이다. 중국 도매시장의 규모는 엄청나다. 수백, 수천만의 도매 상가에서 매주 신상품이 쏟아져 나온다. 그리고 많은 신상품 중에서 극히 일부만 국내에서 유통되고 있다고 보면 된다. 물론 중국 도매시장에 자주 드나들고 기존의 구매 인프라가 잘 구축되어 있는 회사라면 남들보다 먼저 좋은 제품을 구할 수 있다. 하지만 여전히 국내에 소개되지 않은 제품이 훨씬 많다. 이런 제품은 지금 당장 소량만 수입하더라도 경쟁력이 있다.

자신이 직접 디자인을 개발해서 중국에서 OEM 방식으로 제작하는 것도 좋은 방법이다. 가방을 예로 들어보자. 국내에서 가방 샘플을 제작하려면 하나의 디자인당 20~30만 원의 제작비가 소요된다. 하지만 중국에서 제작하면 3분의 1의 가격으로 만들 수 있다. 다른 제품도 마찬가지다. 국내 제작 비용의 20~50% 가격으로 제작이 가능하다. 물론 최소 주문 수량이 많긴 하지만, 장기적으로 보면 상당히 많은 비용을 절감하면서 새로운 제품을 제작할 수 있는 셈이다.

## 02 _ 중국 제품 수입 노하우

### 샘플 구매 또는 최소 발주량 사입 후 재주문하자

중국 제품에 대한 두려움은 무엇보다도 불량일 것이다. 그렇기 때문에 가능하면 샘플을 구매하거나 최소 발주량으로 주문한 후 직접 제품을 확인하는 것이 좋다. 제품의 양이 많지 않다면 직접 들고 와서 판매가 잘되는지, 구매 고객들의 만족도는 어느 정도인지 확인한 후에 재발주하도록 한다. 재발주할 때는 크게 세 가지 방법이 있다.

### 중국 현지의 한국인 무역 회사 이용하기

물건을 사입한 곳의 명함과 제품 사진을 찍어서 보관하다가 재발주할 때 제품 사진을 첨부한 후 원하는 수량을 적어서 무역 회사에 구매 대행을 요청하면 된다. 통상적으로 무역 회사에서는 10%의 수수료를 요구하는데, 수수료를 아깝다고 하는 사람들도 많지만 중국에 왔다 갔다 하는 비행기 값과 불량이 발생했을 때의 손해 비용 등을 감안하면 오히려 저렴한 편이다. 무역 회사를 이용할 때는 무역업체의 신뢰도를 확실하게 잘 알아보아야 한다.

중국에서 무역 대행을 한다는 한국 사람들은 많지만, 알고 보면 민박이 주 수입원이거나 회사가 아닌 개인인 경우가 많다. 영세한 업체일수록 무역 대금을 개인적인 자금으로 돌려쓰거나 업무를 제대로 처리하지 못할 위험이 높기 때문에 업체는 안정적인지, 경력은 많은지 등을 꼭 따져보도록 한다.

경험이 있는 무역 회사라고 해도 모든 제품에 대해 잘 아는 것은 아니기 때문에, 제품 검수할 때의 주의점이나 불량 제품의 기준을 명확히 제시해서 불량 제품은 한국으로 배송하지 않도록 한다.

> **Tip 무역 회사 이용 시 장·단점**
>
> 장점 : 한국인 또는 조선족이 직원이기 때문에 의사소통이 편하고 업무 처리가 신속하다.
>
> 단점 : 금액이 적은 오더는 소홀히 하는 경향이 있으며, 금액이 커질 경우 10%의 수수료는 부담이 되기도 한다.

### 도매상 또는 공장과 직접 거래하기

일단 처음 발주한 후 제품 품질에 만족했다면 재발주할 때 검품이 필요하지 않은 제품도 많다. 그런 제품을 굳이 무역 회사를 통해 수수료를 지불해가면서 수입할 필요는 없다. 그리고 중국 도매상이나 공장 담당자와 의사소통이 가능하다면 직접 재발주를 넣고 제품을 받아도 된다. 메일이나 팩스로 발주서를 보내도 된다.

영문으로 된 발주서를 보내고 발주서에 대한 Proforma Invoice(견적

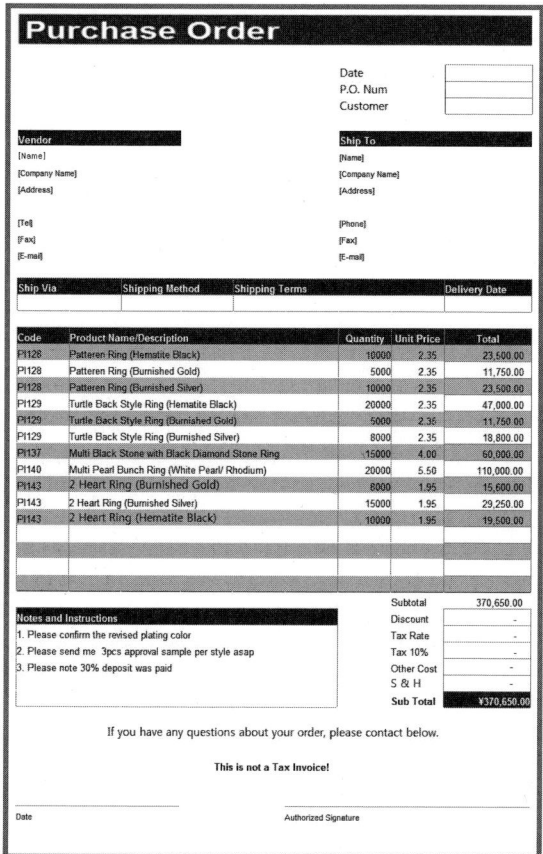

> 발주서 양식

송장, 중국 수출업자가 해당 물품의 가격 견적서를 첨부한 송장)를 요청한 후, 견적 송장이 들어오면 발주서와 내용이 같은지, 납기일은 언제까지인지 확인한다. 그리고 도매상이나 공장이 요구하는 결제 방식에 따라 돈을 입금해 주면 된다. 이때 주의할 점이 있다. 대부분의 업체에서는 물건을 발주할 때 100% 선금을 요구하는데, 생산 기간이 2주 이상 걸린다면 선금으로 30%를 먼저 주고 나머지 잔금은 선적 시 지불할 것을 요청해야 한다. 그리고

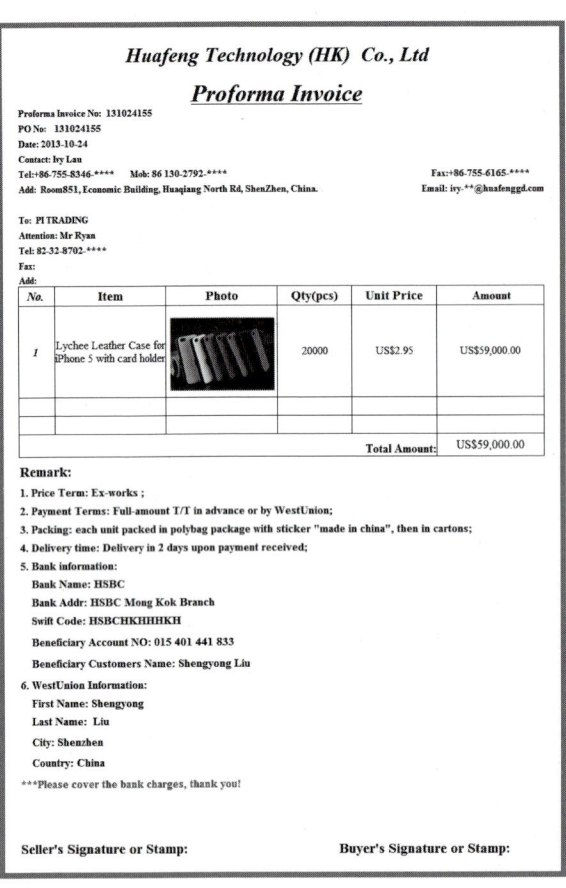

> 오더를 받은 공장에서 보낸 견적 송장

중국 업체는 대부분 T/T(Telegraphic Transfer, 전신환송금, 무통장입금과 마찬가지로 해외 계좌로 이체하는 방식)나 Western Union과 같이 바로 돈을 받을 수 있는 결제 수단을 선호하는데, 이보다는 페이팔Paypal이 바이어인 우리에게 유리하다. 제품이 불량이거나 수량이 부족할 때 페이팔에 클레임을 제기하여 송금한 돈을 돌려받거나 지급 정지를 요청할 수 있기 때문이다. 이는 최소한의 안전장치로, 불량품이 발생할 확률을 줄여준다. 최근에는 알리바바 자회사인 알리페이Alipay를 통해 결제하기도 한다. 에스크로 기능이 있기 때문에 바이어는 선호하지만, 중국 업체는 꺼리는 경향이 있다.

만약 중국의 도매상이나 공장에서 페이팔 및 알리페이 결제 방식을 모른다면 먼저 30% 선금을 송금한다. 그리고 물건 제작이 완료되면 먼저 포워더(운송 회사)가 물건을 한국으로 들여오고, 나머지 잔금을 포워더에게 지불해 포워더가 중국 업체에 대신 대금을 결제해주는 방법도 있다. 이 방법은 제품을 확인하고 제품의 문제가 없을 때 잔금을 지불하는 것이기 때문에 안전한 거래 방법이지만 대부분 포워더가 이런 결제 부담까지 안으려 하지 않는다. 또한 중국 도매상이나 공장 쪽에서도 이런 결제 방식에 대해 수긍하지 않는다. 하지만 우리에게는 유리한 방법이기 때문에 금액이 크다면 이런 업무가 가능한 포워더를 통해서 진행하는 것도 좋은 방법이다.

> **Tip 직접 거래 시 장·단점**
>
> **장점** : 무역 회사를 통하는 것보다 비용이 저렴하고, 오랫동안 거래를 유지해서 신뢰가 쌓일 경우 가격을 흥정하기도 쉽고 물건도 외상으로 받을 수가 있다.
>
> **단점** : 영어나 중국어가 완벽하지 않으면 의사소통에 어려움이 발생할 수 있다. 그래서 불량 체크가 꼼꼼하지 못한 경우가 있다. 제품이 잘못 오거나 불량이 발생했을 때 처리하기가 곤란하다. 돈을 뜯길 위험이 가장 크다.

### 중국 현지에서 발주하기

비용 면에서 비효율적이지만 가장 정확하다고 볼 수 있다. 현지에서 제품을 발주하고 평균 3~7일이 소요되는 생산 기간 동안 모든 공정을 직접 눈으로 확인할 수도 있고, 신제품도 볼 수 있으며, 샘플 제작을 의뢰하기도 좋다. 하지만 재발주 금액이 700만 원 미만일 때는 오히려 왕복 비행기표와 기타 체류비 등을 포함한 비용이 무역 회사를 통해 물건을 들여오는 것보다 더 많이 든다. 그렇기 때문에 직접 방문할 필요가 있는지 잘 따져봐야 한다. 재발주 시에는 양이 늘어난다면 단가를 흥정할 수 있다. 재발주하기 위해서 도매 매장에 들어가면 상인들의 태도가 처음과는 확연히 달라진다. 이때부터 단골 바이어 대접을 받게 되고 단가 협상에서도 유리한 고지를 차지할 수 있다. 하지만 샘플이 아니라면 한국에 직접 들고 들어오기가 쉽지 않고, 수화물 중량 초과 금액도 비싸므로 전문 운송 회사를 섭외해서 배송하는 것이 좋다. 그 대신 운송업체에서는 절대로 검품해주지 않기 때문에 직접 확인하도록 한다. 운송업체에 해당 도매상이나 공장에서 픽업해주기를 요청하거나 운송회사 창고까지 물건을 보내주면 된다. 이때 박스 수와 박스 크기, 중량 등은 운임비를 책정하는 데 필요하므로 정확한 수치를 알고 있어야 한다. 양이 그다지 많지 않다면 체크인하는 짐과 기내 휴대용으로 나누어 들고 가면 된다.

> **Tip** 현지 발주 장·단점
>
> **장점** : 제품 불량률이 가장 적다. 직접 물건을 확인하고 돈을 지불하기 때문에 무역 사기를 당할 염려가 없다.
>
> **단점** : 제품의 수가 많을 때는 혼자서 관리하기가 힘들다. 오히려 더 많은 비용과 시간이 소요되기도 한다.

### 운송 비용 절약을 통해 가격으로 승부하라

중국 소싱을 처음 시작하는 사람들이 간과하곤 하는 것이 운송 비용과 통관 비용이다. 중국에 직접 가서 도매 가격을 1위안이라도 더 깎으려고 눈에 불을 켜고 애걸복걸해가며 좋은 가격을 받고는, 정작 운송이나 통관에 들어가는 비용에 대해서는 신경 쓰지 않는 경우가 많다.

중국 제품이 싸다고는 하지만 운송비나 통관비를 비롯하여 기타 관련 비용을 잘못 계산하면, 한국에서 도매로 구매하는 것보다 훨씬 비싸질 수도 있기 때문에 부대 비용을 잘 따져봐야 한다. 또 제품을 사입하고 물품 대금 비용을 보낼 때도 환율을 잘 따져서 송금해야 한다. 송금 시에는 환전 수수료와 송금 수수료 그리고 은행 수수료 등이 들기 때문에 꼭 확인하도록 한다. 수수료는 은행별로 다르고 같은 은행이라도 지점별로 차이가 있기 때문에, 여러 은행을 꼼꼼하게 비교한다.

인터넷으로 송금하면 기본적인 환전 수수료를 우대받는다. 그런데 지점에서 담당자에게 말만 잘한다면 더 우대받을 수도 있다. 항상 환율 변화를 지켜보면서 달러 환율이 좋을 때 미리 달러를 환전해두었다가 송금하는 것도 비용 절감의 방법이다. 위안화 환율도 시시각각 변하기 때문에 위안화가 너무 높을 때는 중국 사입을 자제하거나 연기하고, 위안화가 낮을 때 다시 발주를 넣도록 한다.

운송 비용은 항상 건별로 포워더와 단가를 흥정하는 것이 좋다. 물동량이 많아지게 되면 좋은 단가를 제시하는 포워더를 정해 고정적으로 거래하는 것이 좋지만, 초보라면 여러 포워더들에게 문의해서 단가를 비교해보도록 한다.

또한 들여오려고 하는 제품이 부피가 15CBM 이상이라면 LCL이 아니라 FCL로 견적을 받는 편이 좋다. 제품이 컨테이너 절반 이상 채워지는 양일 때는 아예 컨테이너 하나를 통째로 쓰는 편이 훨씬 저렴하다.

---

**Tip** 운송비를 측정하는 기본 단위

**CBM** : Cubic Meter. 입방미터의 약자로 부피의 단위다.
  1CBM = 1m(가로)×1m(세로)×1m(높이)

**LCL** : Less (than a) Container load. 한 컨테이너 분량이 되지 않는 소량 화물을 일컫는다. 소량 화물을 운송하려는 여러 화주들을 모아서 컨테이너를 채워서 포워더가 운송해주는 방법을 뜻하기도 한다.

**FCL** : Full Container Load의 약자로 컨테이너 하나라고 보면 된다. 컨테이너째 운송되기 때문에 화주가 화물을 다루기가 편하고, 포워더 입장에서도 비용이 저렴하다.

---

### 평범한 아이템을 찾아라

좋은 아이템을 찾는 노하우는 아주 간단하다. 특이한 아이템을 찾지 않으면 된다. 다시 말해, 평범한 아이템이 좋은 아이템이다.

누구나 특이하고 품질 좋고 마진이 높은 아이템을 찾으려고 한다. 그래서 흔히들 눈에 쉽게 띄고 한눈에도 괜찮다고 생각되는 아이템만 찾는다. 그러나 그런 아이템은 벌써 다른 사람 눈에 띄어서 수입이 진행되고 있는 경우가 많다. 그렇기 때문에 현재 그 제품이 국내에 유통되고 있는지 인터넷으로 확인하거나, 중국 시장조사를 마치고 확인해야 한다. 대개는 그 제품과 똑같거나 유사한 제품이 이미 판매되고 있는 경우가 많다. 또 누가 봐도 정말 괜찮지만 마니아적 성향이 강한 아이템들도 있다. 이런 제품은 아무리 마진이 좋아도 판매 수량이 제한적이기 때문에 재고 부담이 커서 오히려 마이너스 수익률이 나기도 한다.

그렇기 때문에 너무 눈에 띄는 제품보다는 차라리 기본적이고 꾸준히 판매되는 무난한 카테고리 중에서 색이나 모양이 조금 변형된 제품을 찾는 것이 좋다. 중국 소싱 조사를 함께 갔던 상인들의 경우를 봐도 특이한 제품은 몇 년이 지나도 재고로 남아서 결국에는 헐값으로 처분하곤 했다. 그 대신 자신이 잘 아는 카테고리에서 꾸준히 판매되는 기본 아이템들을 소싱했을 때 오히려 좋은 수익이 나곤 했다. 특이한 제품을 선택하고 싶다면 국내 도매상에서 시험 삼아 소량 구매해서 팔아보고 중국 사입이나 발주 여부를 결정해도 늦지 않다.

그러므로 무작정 특이한 제품보다는 무난하더라도 꾸준히 판매되는 제품이 좋은 아이템이다. 하지만 이런 제품을 가져와서 판매하는 것은 누구나 할 수 있기 때문에 차별화할 필요가 있다. 디자인을 좀 더 편리하고 세련되게 바꾼다든지, 자신만의 로고나 마크를 새겨서 주문 제작하는 것이다. 최소 수량으로 발주하더라도 이 정도의 변경 사항은 요구할 수 있다. 이런 일이 복잡하거나 디자인 변경에 자신이 없다면 포장을 달리하는 것도 방법이다. 기본적으로 OPP봉투로 포장되어 있지만 몇 위안만 더 지불하면 고급스러운 종이 상자로 제품을 고급화할 수 있다. 종이 상자는 기존에 있던 디자인을 조금 변경시키거나 포장 무늬나 패턴만 바꿔도 전혀 다른 제품처럼 만든다. 필자가 중국 도매 상가에서 7위안에 구매한 레깅스 제품이

동대문에서는 도매가로 3500원에 판매되고 있는데, OPP포장에 종이 띠가 둘려 있을 뿐이었다. 그러나 똑같은 제품이라도 고급스러운 OPP와 금장 종이 띠를 둘러 포장하면 4500원에 판매되며, 종이 상자에 포장되어 있는 제품은 6000원에 판매된다. 더 나아가 고급스러운 종이 상자로 포장되어 있는 제품은 백화점에서 12000원에 판매된다. 모두 같은 제품인데도 포장 방법에 따라 판매가와 마진이 달라진다. 제품의 품질이 가격에 비해 우수하다면 포장을 차별화하여 완전히 다른 제품을 만들 수 있다.

**더 싼 공장을 찾아라**

이베이나 아마존에서 판매하는 국내 셀러의 경우, 중국산 잡화 및 생활용품을 판매한다면 똑같은 제품을 말도 안 되게 싼 가격으로 판매하는 중국 셀러나 홍콩 셀러들을 보게 된다. 똑같은 제품이라도 국내까지 들어오는 운임 비용에 통관 비용, 관세와 부가세까지 고려하면 당연히 가격 차이가 날 수밖에 없다. 국내 유통을 목적으로 들여오는 중국 제품도 마찬가지다. 생산 기지를 중국으로 옮긴 한국 공장이나 한국의 무역 회사 등도 중국 업체와 단가로 경쟁할 수는 없다.

    예전에 필자가 몇 달에 걸쳐 가장 저렴한 가방 공장을 힘들게 찾아서 제작했던 크로스백의 가격이 20위안이었는데, 똑같은 디자인에 비슷한 품질의 제품이 타오바오에서 18위안으로 판매되고 있는 것을 확인한 적이 있었다. 분명 다른 점이 있으리라고 생각했지만 직접 구매해보니 비슷한 원단이었다. 마진을 포함시키지 않은 공장도 단가가 20위안에 이래저래 수수료가 10% 이상 붙어서 망연자실했다. 이미 1500개를 발주한 상황이었기 때문이다. 그전에는 중국인들과 흥정도 잘하고 좋은 단가를 받는다고 인정받았지만, 중국 현지인의 도·소매 단가 체계를 알고는 겸손해졌다. 중국에서 거주하거나 공장 오더를 진행해봤던 사람들이라면 단가로는 중국 현지인을 절대 이길 수 없다고 입을 모은다. 이런 말도 안 되는 단가가 가능한 이유에는 여러 가지가 있다.

중국 무역 회사의 직원 평균 임금은 3000~4000위안(환율 180원 기준으로 약 54~72만 원)이다. 하지만 한국 무역 회사의 한국 직원들 평균 임금은 중국 내 생활비를 제외하고 200만 원이다. 즉, 중국인들은 한 달에 2000위안 정도만 있어도 생활이 가능하지만 한국인들은 그렇지 않다는 뜻이다. 중국까지 가서 중국인들과 비슷한 급여를 받으며 일할 사람은 없다. 그렇기 때문에 한국 무역업체의 수수료가 비싼 것이다. 중국인들은 오더 액수가 적더라도 수수료가 일정 금액 이상만 되면 업무를 처리해준다. 하지만 한국 무역업체들은 100만 원 미만의 오더는 취급도 안 하는 경우가 많다. 일을 처리해주더라도 기타 부대비를 더 많이 청구해서 기본 이상의 마진을 챙기려고 한다. 물론 한국 업체들이 업무상의 커뮤니케이션이 쉽고 불량 건 또는 제품 문의를 중국 업체들보다 훨씬 빠르고 신속하게 처리해주지만 말이다.

예를 들어, 광저우에 있는 민박 겸 무역 대행업체는 무역 대행 수수료 10% 외에 가이드 비용, 원산지 표시 비용, 재포장 비용, 검품 비용 등을 건별로 과도하게 추가해서 받기도 한다. 제품에 따라서는 추가 비용이 들기도 하지만 적절하게 업무 진행에 대한 추가 요금이 맞는지 잘 확인해봐야 한다.

중국의 도매상들은 같은 중국 업체에는 외상 거래도 해주고, 땡처리도 해주며, 추가 오더를 했을 때 비용을 깎아주기도 한다. 하지만 한국인이나 한국의 업체는 언젠가는 중국을 떠날 거라고 생각하기 때문에 장기적인 안목으로 바라보고 거래하지 않는다. 중국인과 결혼한 사람이라면 그나마 신뢰하지만, 최근에 운영이 어려워져 야반도주하는 한국 업체들이 많기 때문에 인식이 좋지만은 않은 것이 사실이다.

그렇기 때문에 저렴하게, 장기적으로 거래하고 싶다면 중국인과 중국인 업체, 공장을 찾아야 한다. 그리고 중국인과 거래하기 위해서는 중국어가 필수다. 영어로 거래하는 데는 한계가 있다. 판매하기 위해서 중국인들이 한국어를 배우진 않는다. 그러니 아쉬운 사람이 우물을 파야 한다. 직접적으로 중국인과 거래하지 않고 한국 무역업체를 이용하더라도, 기본적인 회화와 단가 흥정은 직접 할 수 있게끔 중국어를 공부한다.

### 신상품을 잡아라

중국의 도매 상가와 공장들은 수백만 개가 넘는다. 업체당 한 달에 한 개꼴로 신제품이 개발된다고 가정하면 매주 수천 개의 신상품이 쏟아져 나오는 셈이다. 아무리 기존의 한국 도매상들이나 유통 상인들이 열심히 중국 제품을 들여와도 모든 제품을 취급할 수는 없다. 그렇기 때문에 자신만의 아이템을 찾아 꾸준히 개발하고 소싱한다면 성공할 수 있다.

도매시장을 다니다 보면 지금 막 개발된 신제품이나 이미 발주가 들어온 신상품은 진열대에 진열하지 않고 숨겨놓는 경우가 많다. 하지만 신제품이라도 기존 거래처에는 보여주기 때문에 도매업체를 너무 자주 변경하지 말고 오랫동안 거래를 유지하다 보면 남들보다 먼저 신제품을 확인할 수 있다. 중국의 도매 상가에 가서 바로 신제품을 찾아 들여오기만 하면 대박이

날 수 있다는 꿈을 안고 가는 사람들이 많지만, 아쉽게도 현실은 그렇게 호락호락하지 않다. 신제품을 찾으려면 중국에도 자주 가야 하고, 작은 규모라도 꾸준히 거래해야 하며, 시행착오를 거쳐야 한다. 그러다 보면 대박 아이템을 찾게 된다.

가끔가다 직접 디자인해서 중국 공장에서 제작하여 국내 오픈마켓에 판매했는데 대박 아이템이 되었다는 무용담을 인터넷 기사를 보거나 듣곤 한다. 그러나 이런 경우는 거의 없고, 실제로는 단발성에 불과할 때가 많다. 그만큼 중국 소싱이나 중국 공장 발주 생산이 힘들다는 말이다. 끈기 있게, 꼼꼼하게 체크하면서 중국 소싱을 진행해야 그런 기회가 찾아올 것이다.

## 03 _ 이것만은 꼭 챙겨라

### 먼저 아이템을 선정하라

필자가 이우나 광저우 시장 조사단 사전 미팅 때 항상 강조하는 것이 있는데, 바로 기본 아이템 선정이다. 시간이 촉박해서, 혹은 경험이 없어서 아이템을 선정하지 못하더라도 카테고리 정도는 정해두어야 한다. 예를 들면, 의류 아이템이라고 할 때 남성복, 여성복, 아동복 등의 분류라든가, 청바지, 원피스, 드레스, 티셔츠 등의 카테고리는 정해두어야 한다는 말이다. 생활잡화를 보고 싶다면 거실 용품인지, 인테리어 용품인지, 화장실 용품인지 등의 카테고리를 선정한 후에 시장을 둘러봐야 한다. 어느 정도 정해지면 구체적으로 판매와 관련하여 사전 조사가 필요하다.

중국 도매시장은 방대하기 때문에 아이템 사전 조사는 필수다. 사전 조사를 하지 않고 중국 현지에 가서 아이템을 찾겠다고 하면 큰 오산이다. 아이템을 정하지 않고 무턱대고 중국에 갔다가 너무나 큰 중국 시장 규모에 놀라기만 하고 돌아오는 경우를 많이 봐왔기 때문이다. 중국에 가서 아이템을 정하려 들면 일단 눈에 쉽게 띄고 누가 봐도 끌리는 아이템 위주로만 보게 되는데, 누가 봐도 정말 괜찮다 싶은 아이템은 이미 수입되어 판매되고 있는 아이템일 확률이 높다. 물론 그중에 정말 아무도 발견하지 못했던 좋은 아이템도 있겠지만, 제한된 시간과 일정 내에 몇 달간 꼬박 시장만 돌아봐도 다 못 볼 만큼 많은 상가와 수천 가지 아이템을 전부 둘러보고 아이템을 정하겠다고 하는 것은 욕심이다. 오히려 시장 규모에 놀라서 아이템을 정할 엄두가 나지 않을 수도 있다. 그렇기 때문에 관심 품목은 선정해두는 편이 좋다.

막상 중국에 가서 특이하고 다양한 제품들을 보면 평소 관심이 없던 품목이라도 사입하고픈 충동이 든다. 필자는 기본 품목이 정해져 있는데도 매번 이러한 충동을 느낀다. 매달 중국에 출장을 가고 도매시장을 둘러보지만, 방문할 때마다 예쁘고 신기하고 괜찮은 신제품들을 보면 카테고리가 전혀 다른 제품이라도 관심이 생긴다. 그래서 매번 새로운 샘플을 구입하고 품목을 늘리곤 한다. 그러므로 처음 중국에 가는 사람이라면 신기한 제품을 볼 때마다 혹할 것이다. 하지만 객관적인 판단 없이 주관적인 시각으로만 제품을 보면 합리적으로 사입할 수 없다. 여러 군데 시장을 돌다 보면 아이템 구경은 원 없이 할 수 있을지 몰라도 실속은 없다.

그렇기 때문에 구체적으로 아이템을 정하지 않더라도 관심 품목 정도는 정해놓고 그 품목의 사전 단가는 확실하게 알고 가야 효과적으로 둘러볼 수 있다.

### 미리 단가를 알아두자

아이템이 정해졌다면 사전 단가 조사는 필수다. 이는 아이템의 오프라인 소매 가격, 온라인 판매 가격, 오프라인 도매 가격, 온라인 도매 가격, 한국 공장도 가격 등 모든 도·소매 가격과 공장도 가격을 조사하는 것이다.

요즘은 오픈마켓 판매가가 오프라인 도매가보다 저렴한 경우도 있기 때문에, 시간이 부족하다면 온라인 오픈마켓 판매 가격만 조사해도 대강의 단가를 알 수 있다.

통상적으로 중국 현지 도매가는 오프라인 판매가의 4분의 1이나 3분의 1이라고 생각하면 된다. 그 가격에 운송비 및 통관비, 관세, 부가세를 더하고 마진을 남겨야 한다. 패션 잡화나 생활 용품은 두 배 이상의 마진을 남겨야 하며, 전자제품 또는 완구나 아동 용품의 경우는 네 배 이상의 마진을 붙여 비싸게 판매되기도 한다. 검사비나 기타 인증비 등의 부대 비용이 들어가기 때문이다. 그리고 자신이 직접 디자인해서 디자인 등록을 하거나 특허를 낸 제품의 경우에는 중국에서 생산하더라도 디자인이나 특허등록 비용 등과 부가가치를 포함해 더욱 높은 판매가가 형성된다.

관심 품목의 단가는 미리 조사하고 중국에 가야 도매시장이나 공장에서 단가를 들었을 때 빨리 판단할 수 있다. 단가 개념이 없으면 도매시장에서 비싼 가격을 들어도 단가 지식이 없기 때문에 저렴하다고 생각하기 쉽다.

중국에서는 한국인들이 서로 단가를 말할 때 위안 대신 원 단위로 이야기하기 때문에 마치 한국 돈처럼 생각하고 하루에 몇 백 원씩 쉽게 쓰는 사람도 많다. 그러나 중국 돈 몇 백 원은 한국 돈으로 10만 원가량 되는 금액이다.

그렇기 때문에 체감 가격이 싸다고 느껴지더라도 국내 오픈마켓 판매가나 도매가 등과 비교했을 때 중국 도매가가 한국 판매가의 절반 이상이라면 흥정해서 가격을 깎든지, 다른 거래처를 찾는 편이 시간이 절약되고 일 처리에도 도움이 된다.

중국 소싱 단가가 적절한지 아닌지는 도매 매장을 방문하는 순간, 그 자리에서 판단해야 한다. 가격이 비싼 도매 매장에서 다른 물건의 가격을 계속 물어보면서 조사하거나 사진을 찍어봤자 시간을 낭비하는 것이다. 같은 품목을 파는 업체는 수도 없이 많고 가격은 매장별로 천차만별이기 때문에 조금이라도 비싸다면 미련 없이 그 매장을 떠나야 한다.

또한 기본 판매 가격을 알아야 흥정도 할 수 있다. "지금 이 제품은 현재 한국에서 얼마에 판매되고 있는데, 이 가격은 너무 비싸다. 이 가격보다 더 싸야 경쟁력이 있다"라고 말할 수 있어야 한다. 그러면 판매자도 구매자가 제품 단가에 대한 사전 지식이 있다고 생각하고 바가지를 씌우지 않는다.

### 사입 규모를 정해둬라

중국에 한 번 갈 때는 비행기 티켓뿐만 아니라 꽤 많은 금액이 들어간다. 일정에 따라 다르겠지만 5박 6일 일정으로 중국에 머문다면 기본적으로 티켓, 비자, 기타 체류비 등 약 80~100만 원 정도가 든다. 이렇게 적지 않은 금액이 들어가는데 중국 시장을 경험하는 것이 목적이 아니라면 최소한 여행 경비 이상의 이윤이 남을 수 있게끔 사입해서 판매하려는 계획을 세워야 한다. 그렇기 때문에 자신의 환경과 상황에 맞게 중국에서 사입해야 할 금액을 대강이라도 뽑아두어야 한다. 그래야 얼마를 환전할지도 결정할 수 있다. 단적으로, 여행 경비 이상의 마진을 남기려면 중국에서 최소 300~400만 원 정도 사입해야 그 제품을 판매했을 때 재고를 감안하고도 최소한의 여행 경비는 남길 수 있다.

물론 적은 금액으로 제품을 구매해서 비싸게 팔 수 있는 특별한 아이템이나 특수한 카테고리 제품이라면 사입하는 양이 많지 않아도 되지만, 대부분의 패션 잡화나 생활 용품은 단가가 뻔하고 마진 구조가 비슷하기 때문에 어느 정도 금액 이상 사입해야 한다. 그런데 경비만 생각할 것이 아니라 시간도 고려해야 된다. 중국에서 머물면서 시장조사를 하는 만큼의 시간 동안 한국에서 업무나 판매를 하지 못하기 때문에 매출이 일어나지 않거나 업무 공백이 생기게 된다. 이런 것까지 감안한다면 한 번 방문할 때 최소 600만 원 이상 사입해야 고생한 만큼 보람을 느낄 수 있다.

그렇다고 정확한 판매 루트가 없는 상황에서 무턱대고 사입하면 안 된다. 만약 중국 시장조사의 목적이 제품 사입이 아니라 중국 도매시장이나 유통 구조를 아는 것이거나 중국 제품의 단가 조사인 경우라면, 중국 현지에서 사입하지 않더라도 꼼꼼하게 단가 조사만 정확하게 한 후 나중에 한국으로 돌아와서 꼭 필요한 제품만 무역 회사나 구매 대행 회사를 통해 사입하는 것이 좋다.

그중에서 한두 가지 아이템은 최소 주문량이라도 도매시장에서 발주해 볼 것을 권장한다. 최소 주문량 총액이 10만 원 정도 되는 제품도 많고 이 정도 금액이면 부담도 적기 때문에 직접 발주해보고 한국으로 들여올 때 운임비나 관세, 부가세 등으로 얼마가 나가는지 체험해보는 것은 아주 소중한 경험이 된다. 그리고 앞으로 더 많은 양을 사입하거나 발주할 때 비용을 예상할 수 있다. 무엇보다도 중국에서 제품을 구매했을 때 과연 자신에게 이득이 되는지 정확하게 판단할 수 있는 계기가 된다.

실례로 필자와 같이 동행한 일행 중에 첫 중국 방문에서 1500만 원 정도를 발주한 경우가 있었다. 국내 오픈마켓뿐만 아니라 이베이와 라쿠텐 등의 해외 오픈마켓에서도 판매하는 사람이었는데, 기존에 판매하던 아이템 중에 국내 도매상에게서 받는 제품의 대부분이 중국산이었다. 그런데 중국 도매시장의 단가와 차이가 너무 나는 것을 보고 바로 그 자리에서 많은 금액을 발주했다. 이 경우에는 현재 판매되는 제품의 단가를 잘 알고 있고 어떤 제품이 잘 팔리는지 정확하게 알고 있었기 때문에 가능한 일이다. 그와 반대로 중국 도매시장의 단가가 싸다는 이유로 평소 판매량의 몇 배에 해당되는 물건을 발주했는데, 상황을 고려하지 않고 사입하는 바람에 지금도 그때 구매했던 제품의 재고를 가지고 있는 경우도 있다.

중국 제품의 가격은 웬만한 제품의 경우 한국 도매가보다 무조건 싸다. 그렇다고 자신의 현 상황을 고려하지 않고 무분별하게 사입하거나 발주하게 되면 평생 팔지 못하는 재고만 늘어날 수도 있다. 정말 잘 판매할 자신이 없다면 사입하기 전에 적어도 열 번은 고민해야 한다.

### 국내 판매처를 확보해둬라

가장 중요한 것은 제품 판매처의 확보다. 물건을 들여와서 쇼핑몰이나 오픈마켓에서 싸게 팔면 어떻게든 팔리겠지 하고 막연하게 생각하는 사람들이 많은데, 실제로 판매해보면 비슷한 물건을 더 싸게 판매하는 곳도 많고 가격만 싸다고 해서 판매가 잘되는 것은 아니기 때문에 온라인이든 오프라인이든 확실하게 판매가 잘되는 제품을 알아두어야 한다. 특히 판매 경험이 없다면 판매처나 판매 루트가 확보된 후에 중국에 가야 한다. 물론 초보 판매자가 판매처를 확보하고 중국 제품을 소싱하기는 힘들지만, 어느 시장이나 어느 마켓에 앞으로 이런 제품을 판매하겠다는 계획 정도는 세워야 한다. 확실한 판매 루트나 판매처, 마케팅 방법 없이 제품만 싸다고 무턱대고 여러 가지 사들이게 되면 악성 재고가 되곤 한다.

아직 초보라서 판매처가 없다면 주위 친구들이나 주변 사람들이 구매할 만한 제품을 찾으면 된다. 소모성 생활 잡화는 누구나 사서 쓰는 제품이기 때문에 이런 제품은 판매가 용이할 수도 있다.

필자와 동행했던 젊은 대학생은 어머님께서 보험 영업 사원이라며 보험 영업 때 사용하는 판촉물을 구매하기도 했다. 영업용으로 사는 제품이지만, 어머님께 효도도 하고 사입 노하우도 익힌 셈이었다.

특히 이우 시장에 있는 제품은 판촉용 제품이 많고 단가도 아주 저렴하기 때문에 그런 제품 위주로 사입하는 사람도 많다. 국내 오픈마켓에 가방을 판매하는 사람은 시장조사뿐만 아니라 가방을 구입한 사람들에게 같이 주는 사은품으로 작은 파우치와 카드 지갑을 사입하는 경우도 있었다. 국내 도매 사이트에서 판매하는 대부분의 판촉물이나 사은품용의 저가 제품은 90% 이상이 중국산 제품이기 때문에 중국 현지에서 사입하면 훨씬 저렴하게 구매할 수 있다.

## Tip 아이템 선정하기

휴대용 점수판. 일반적으로 많이 판매되지 않는 제품이지만 의외로 찾는 바이어들이 많다. 스포츠와 관련된 용품은 마니아나 동호회를 중심으로 구매층이 탄탄히 형성되어 있다.

카지노 칩. 우리나라에서도 카지노를 즐기는 사람들이 꽤 많으며, 해외에서는 집에서도 재미 삼아 칩으로 간단한 게임을 즐기는 이용자가 많다.

체스 용품. 우리나라에서는 바둑과 장기를 많이 두지만, 체스는 전 세계적으로 많이 즐기는 게임이다. 다양한 종류의 말이 많아서 수집 애호가층이 두텁게 형성되어 있다.

다양한 디자인의 우산. 세계적으로 비가 안 오는 지역은 없다. 비가 많이 오지 않더라도 뜨거운 태양 빛을 피하기 위한 양산은 여성들의 필수품이다. 또한 우산은 판촉용으로도 많이 판매되고 있기 때문에 직접 디자인하거나 다양한 캐릭터를 개발해 하드케이스 형태로 제작할 수도 있다.

생산 원가 대비 마진율이 좋은 침구류는 우수한 품질과 고급스러운 원단을 사용한 제품이 더욱 각광받는다.

인테리어 용품 또한 마진율이 높은 카테고리다. 여성들의 눈을 사로잡을 수 있는 예쁘고 깜찍한 디자인의 제품을 선별할 수만 있다면 반드시 대박을 낼 수 있다.

고급 장식품. 화려하고 비싸 보이는 장식품은 주로 남성들이 구매한다. 가격대가 높기 때문에 특정 계층을 공략하는 마케팅이 필요한 품목이다.

여성 미용 보조 용품. 몸매 보정이나 미용 관련 용품은 효과만 입증된다면 고가라도 판매가 되는 품목이다. 주로 입소문을 타고 구매하는 사람들이 많기 때문에 카페나 블로그 마케팅을 잘하는 사람에게 유효한 아이템이다.

각종 피규어 용품. 피규어는 대중적인 아이템은 아니지만 확고한 마니아 구매층을 형성하고 있는 품목이다. 대부분의 피규어 마니아들은 여러 제품을 수집하기 때문에 다양한 종류의 피규어를 구비하는 것이 관건이다. 또 한정 제품은 소장 가치가 높기 때문에 가격이 올라간다.

아이디어 디자인 전화기. 톡톡 튀는 아이디어로 무장한 재밌고 엽기적인 디자인의 전화기들은 적은 비용으로도 인테리어적인 요소와 생활 속의 소소한 즐거움을 함께 누릴 수 있게 한다. 전화기만 취급하는 것이 아니라 시계나 저금통과 같이 전화기와 함께 어울리는 개성 강한 디자인 용품들을 함께 판매하면 좋다.

캐릭터 용품. 캐릭터 상품은 꾸준하게 판매되는 상품이다. 하지만 정품인지 아닌지 감별해야 하고, 판매할 때 라이선스가 필요한 캐릭터인지 확인해야 한다.

파티 용품. 국내보다는 외국에서 판매 비율이 높은 제품 카테고리다. 품목당 수량은 최소화하면서 다양한 구색을 확보해야 하는 아이템이다.

자동차 튜닝 용품. 차량 안전에 대한 기준이 까다로운 국내에서도 동호회 위주로 많이 판매되고 있다. 미국처럼 차량 판매율이 높으며 DIY 시스템이 정착되어 있는 외국에서도 많이 판매된다. 자동차에 대한 전문 지식이 있어야만 판매가 원활한 품목이다.

최근 국내에도 캠핑 붐이 일면서 아웃도어 용품 시장이 급성장하고 있다. 새로운 디자인과 기술로 무장한 제품이 매주 수십, 수백 개가 쏟아져 나온다. 비수기와 성수기가 뚜렷한 시즌 상품이기 때문에 판매 시점을 고려해서 발주해야 한다.

휴가 용품. 캠핑 용품과 마찬가지로 시즌 상품이지만, 휴대가 편리한 제품이 많이 나오고 있다. 가까운 곳으로 나들이 갈 때도 이용하기가 쉬운 제품을 선택한다면 꾸준히 판매할 수 있을 것이다.

USB 용품. 다양한 기능의 USB 용품이 쏟아져 나오고 있다. 사용 전기 용량이 교류전압 30V 까지, 직류전압 42V 미만이라면 인증이 없어도 된다. 하지만 제품 내 충전 배터리가 있다면 전기안전인증이 필요하니 꼭 체크해야 한다. 한국 KC 안전인증을 받은 중국 제품이라면 업체 인증서로 통관할 수 있다.

패션 백팩. 새 학기가 시작될 때 판매율이 가장 높은 아이템이다. 요즘은 넓은 수납공간뿐만 아니라 개성 강한 디자인의 제품이 많기 때문에 젊은 층을 대상으로 마케팅해야 하는 품목이다.

구두. 인조 가죽이든 진짜 가죽이든, 국내 생산 단가와 중국 공장 단가와 차이가 많이 나는 제품이다. 하지만 사이즈별로 제품을 발주해야 하기 때문에 초도 물량이 많고 비용도 많이 들어간다. 제품 보는 눈에 자신이 없다면 피해야 하는 품목이기도 하다.

'반려동물 천만시대'에 따라 관련 용품이 점점 고급화되고 기능이 다양해지고 있다. 이미 시장은 포화상태지만 고객의 니즈를 완전히 충족하는 제품은 아직 없다. 이런 제품을 먼저 개발하거나 차별화된 디자인으로 승부를 볼 수도 있을 것이다.

텀블러는 판촉용으로도 많이 판매된다. 세련된 컬러와 디자인의 제품이 하루가 다르게 쏟아져 나오고 있다. 젊은 층이 주요 타켓이기 때문에 SNS상에서 예쁘다고 소문이 나면 갑자기 주문이 밀려드는 아이템이다.

조명기기 및 카메라 용품. 인터넷 산업과 SNS가 발달하면서 보다 좋은 성능의 카메라 또는 조명기기, 촬영 보조기구들이 각광을 받고 있다. 다른 아이템에 비해서 마진이 많이 남기 때문에 관련 취미가 있거나 전문지식이 있다면 도전해볼 만한 아이템이다.

DIY인테리어 용품이 각광을 받고 있다. 화려하면서도 아기자기한 조명등은 집이나 방 전체의 분위기를 바꾼다. 참고로 플러그가 부착되어 있는 제품들은 전기안전인증을 꼭 받아야 수입이 가능하다.

강아지나 고양이를 키우는 사람들이 많지만 도마뱀, 앵무새, 햄스터, 기니피그, 다람쥐, 토끼 등을 키우는 사람들도 많이 생겨나고 있다. 아직까지 경쟁이 치열하지 않은 업종이기 때문에 시장 선점이 중요하다.

주방용품은 고객 한 명이 그릇, 수저, 조리도구 등을 한꺼번에 교체하는 경우가 많아서 구매자수에 비해 매출이 높은 아이템이다. 최근 음식 관련 프로그램이 많아지면서 기능이 다양하거나 깔끔하고 우아한 디자인의 주방용품들이 판매량이 급증하고 있다.

# 2장
## 중국 사입 여행, 철저히 준비하자

## 01 _ 여행 준비

### 미리 계획을 짜라

중국 도매시장은 규모가 크기 때문에 계획을 잘 짜야 한정된 시간에 많은 곳을 둘러볼 수 있다. 계획 없이 무작정 좋은 아이템을 찾겠다고 덤비면 시장조사가 아닌 관광이 되기 일쑤다. 어떤 품목을 위주로 볼 것이며 어느 시장에 갈 것인지, 시장별로 시간 배정은 어떻게 할 것인지 사전에 충분히 고려해야 한다. 또 시장별로 특성을 제대로 파악해서 일정을 짜야 한다. 이우 시장 같은 경우는 모든 품목의 도매시장 건물이 연결되어 있기 때문에 짧은 시간 내에 많은 품목을 볼 수 있는 장점이 있다. 하지만 광저우 도매시장 같은 경우는 건물 간의 거리가 상당히 떨어져 있기 때문에 욕심을 부려서 시장을 전부 둘러보려 하면 많은 시간을 이동하는 데에만 쓰게 된다.

광저우는 대도시이기 때문에 교통체증도 심하고 택시도 잡기 어렵다. 게다가 시장 간의 거리가 짧게는 30분에서 길게는 세 시간 정도 걸리기도 한다. 그러므로 과욕을 부리기보다는 하루에 한두 군데의 도매시장을 오전, 오후로 나누어서 공략하는 것이 좋다. 광저우에서 출퇴근 시간에 택시 잡기는 정말 하늘의 별 따기다. 한번은 퇴근 시간에 호텔로 돌아가려고 택시를 기다렸는데 한 시간이 넘도록 택시를 잡을 수가 없었다. 여기저기 장소를 옮겨 가면서 수없이 팔을 휘저어봤지만, 결국은 네 시간이나 지나서 겨우 호텔로 돌아올 수 있었다. 그래서 시장이 문 닫을 때쯤에 시장 주변에 서 있는 승합차나 자가용을 이용하기도 한다. 이런 차는 불법으로 운영하는 것이기 때문에 위험하기도 하고, 사고가 나면 보험 적용도 되지 않는다.

> 빵차

시장 주변에는 이런 빵차(다마스 같은 차들인데 생긴 모양이 식빵처럼 생겨서 흔히 빵차라고 불린다)들이 많이 서 있다.

그들이 먼저 다가와서 어디까지 가냐고 물어보기도 하고, 어느 지점까지 얼마에 갈 수 있냐고 물어보면서 흥정한다. 택시를 타고 갈 때의 요금보다는 무조건 비싸게 부르므로 값을 흥정해야 한다. 조금 비싸긴 하지만 시간을 절약할 수 있다. 다시 한 번 강조하지만 불법 영업이기 때문에 공안에 걸릴 수 있고, 자칫하면 범죄의 대상이 될 수 있기 때문에 가능하면 이용하지 않는 편이 좋다. 이렇게 시장별로 운송 수단, 시간, 거리가 다르기 때문에 출발 전 시장별 특성을 확실하게 파악해서 미리 계획을 짜는 것이 유리하다.

### 비자 발급에도 요령이 있다

중국으로 가기 위해선 여권과 비자가 필요하다. 여권은 가까운 구청이나 시청 등 관공서에서 발급받을 수 있다. 한 번 받으면 횟수에 제한 없이 사용 가능한 10년 복수 여권을 추천하며, 발급 수수료는 53,000원이다. 접수한 날로부터 4~6일 정도 걸린다. 지방 도시의 경우 구청이 아닌 시청에서만 여권 업무를 하는 경우가 있으니, 관공서에 방문하기 전에 검색하거나 전화로 문의하는 것이 좋다. 신분증과 여권용 사진을 준비하고 발급 신청서를 작성해서 신청하면 된다.

외국인이 발급받을 수 있는 중국 비자는 여러 가지 종류가 있지만, 우리는 시장이나 공장을 방문하는 것이 목적이기 때문에 관광 비자(L)나 상용 비자(F)를 신청하면 된다.

관광 비자는 여행을 목적으로 하는 사람이나 개인적인 용무로 입국하는 사람들이 신청하는 비자로 1개월의 유효 기간 내에 한 번 입국이 가능한 L30단수, 3개월의 유효 기간 내에 한 번 입국이 가능한 L90단수, 1년 동안 횟수와 관계없이 입국할 수 있지만 한 번 입국 시 체류 기간이 30일인 관광 1년 복수비자가 있다.

방문, 사업, 시찰, 단기 연수 등을 목적으로 하는 사람들이 신청할 수 있는 비자는 M비자다. M비자 또한 1개월 유효 기간 내에 한 번 입국이 가능한 M30단수, 3개월 유효 기간 내에 한 번 입국이 가능한 M90단수가 있으며, 6개월 동안 수시로 출입국이 가능한 M6개월 복수(1회 최대 30일 체류 가능), M6개월 복수(1회 최대 90일 체류 가능), M1년 복수(1회 최대 30일 체류 가능), M1년 복수(1회 최대 90일 체류 가능) 등이 있다. 상용M비자는 중국 현지 초청장과 예전에 비자를 발급받았던 내역이 필요하기 때문에 관광비자보다 발급이 까다로운 편이다. 중국 지역별 차이가 있지만 중국에 관광비자로 입국한 외국인에게 계좌를 개설해주지 않는 은행이 많기 때문에 필자는 항상 상용비자를 이용하고 있다. 비자를 발급받을 때는 비자 신청 비용이 들기 때문에 1년에 1~2회 정도 중국 방문을 생각하고 있다면 30일 단수관광비자를 입국할 때쯤에 발급받는 편이 저렴하고, 1년에 3회 이상 방문한다면 1년 상용비자를 발급받는 것이 유리하다.

| 비자 종류 | 비자 발급 기간 3박 4일 | 비자 발급 기간 1박 2일 | 구비 서류 |
|---|---|---|---|
| L30 관광 단수 (30일 체류 가능) | 68000원 | 105000원 | 여권 원본, 6개월 내 사진 1장 + 신청서 |
| L90 관광 단수 (90일 체류 가능) | 80000원 | 115000원 | 여권 원본, 6개월 내 사진 1장 + 신청서 |
| 관광 더블 (6개월 이내 2회 입국 가능, 30일씩 체류) | 97000원 | 135000원 | 여권 원본, 6개월 내 사진 1장 + 신청서 |
| 관광 1년 복수 (30일 체류) | 160000원 | 200000원 | 여권 원본, 6개월 내 여권용 사진 1장 + 신청서 (조건: 2년 이내 발급 받은 비자로 3회 이상 중국 출입국 내역) |
| M1년 복수 (1년간 수시로 출입국 가능, 입국할 때마다 30일 체류 가능) | 160000원 | 200000원 | 여권 원본, 6개월 내 사진 1장, 중국 현지 초청장 + 신청서, 비자 발급 경험 내역 |
| M1년 복수 (1회 체류 90일) | 180000원 | 220000원 | 여권 원본, 6개월 내 사진 1장, 중국 현지 초청장 + 신청서, 비자 발급 경험 내역 |
| M 6개월 복수 (6개월간 수시로 출입국 가능, 입국할 때마다 30일 체류 가능) | 130000원 | 170000원 | 여권 원본, 6개월 내 사진 1장, 중국 현지 초청장 + 신청서, 비자 발급 경험 내역 |
| M6개월 복수 (1회 체류 90일) | 150000원 | 190000원 | 여권 원본, 6개월 내 사진 1장, 중국 현지 초청장 + 신청서, 비자 발급 경험 내역 |
| M30단수 (30일 체류 가능) | 80000원 | 120000원 | 여권 원본, 6개월 내 사진 1장, 중국 현지 초청장 + 신청서, 비자 발급 경험 내역 |
| M90단수 (90일 체류 가능) | 100000원 | 140000원 | 여권 원본, 6개월 내 사진 1장, 중국 현지 초청장 + 신청서, 비자 발급 경험 내역 |
| Q2 180일 체류비자 (1회 입국 후 180일 체류가 가능한 1회 사용 단수비자) | 100000원 | 140000원 | 중국 내 친지가 있어야 신청 가능 여권 원본, 6개월 내 사진 1장, 중국 친지 신분증 사본, 중국 현지 초청장 + 신청서 |

## 싼 티켓을 찾아라

중국 항공권을 저렴하게 구매하려면 최소 한 달 전에 일정을 계획해서 미리 티켓을 발권하는 것이 좋다. 대체적으로 인터넷으로 예매하는 것이 가장 저렴하다. 중국 항공권 전문 발급 사이트들이 많이 있지만 필자의 경험으로는 좌석 확보나 예매의 편의성 면에서 인터파크 해외 항공권 그리고 11번가 해외 항공권 사이트가 가장 저렴하고 편리했다.

　비행기 티켓을 예매할 때에는 세금이 포함된 가격인지 먼저 확인해야 한다. 일부 중국 티켓 전문 사이트들은 티켓 가격이 저렴해 보이도록 세금을 제외하고 웹페이지에 게시하기도 한다. 하지만 막상 예매하면 처음 티켓 가격에는 포함되어 있지 않던 항공 세금과 유류할증료가 다른 사이트보다 더 비싼 금액으로 책정되기도 한다. 그렇기 때문에 몇 개 사이트를 동시에 비교해서 실제 세금까지 비교해야 저렴하게 예매할 수 있다.

　또 특가나 반값 할인, 땡처리 항공권들이 나오는 때를 놓치지 말고 이용하도록 하자. 이런 항공권을 예매할 때에는 항공권 특약 사항을 꼼꼼히 읽어보아야 한다. 특정 할인 티켓은 날짜 이용에 제한이 있거나 정해진 신용카드로 결제해야 할인을 적용받게끔 제한되어 있으므로 잘 확인한 후 예매한다면 저렴하게 이용할 수 있다.

　칭다오나 웨이하이를 둘러본다면 배편을 이용해도 된다. 15~18시간 정도 오래 걸린다는 것이 단점이지만, 배 여행에서만 느낄 수 있는 여유와 낭만, 보따리 상인 또는 다른 여행객과의 정보 공유는 큰 강점이다. 또 사진 한 장과 170위안이면 칭다오 도착 비자(중국을 배편으로 입국할 때 선상에서 발급받을 수 있는 비자)와 168위안이면 웨이하이 도착 비자도 바로 발급해주기 때문에 경험상 해볼 것을 추천한다.

　하지만 보따리 상인을 하지 않는 이상 너무 많은 시간이 소요되는 배 여행은 시간 낭비가 될 것이다. 비행기 탑승 시간과 현지 대중교통 이용 시간까지 합쳐서 서너 시간이면 도착할 텐데, 배를 이용하면 기본 20시간 이상 걸리기 때문에 돈을 아끼려다가 도매시장을 둘러볼 수 있는 시간마저 낭비하는 경우가 있기 때문에 자주 이용하기를 권하지는 않는다.

### 환전만 잘해도 돈 번다

은행에서 환전하거나 인터넷 중국 여행 카페 등에서 여행 후 남은 돈을 환전하려는 사람들과 매매 기준율로 직거래하는 방법, 그리고 남대문, 동대문 등지에 있는 사설 환전소를 이용하는 방법이 있다. 사설 환전소가 은행보다는 환율 우대가 되긴 하지만, 환전소별로 우대율이 다르기 때문에 금액이 크다면 그때그때 흥정하도록 한다.

하지만 주거래 은행이 있고 카드 사용액이나 예금 실적이 많아서 VIP 회원 대우를 받는다면 주거래 은행에서 환전하는 편이 가장 안전하고 정확하다. 주거래 은행이 아니더라도 환전 금액이 크다면 외환 창고 직원의 재량으로 우대 환율을 적용해주기도 한다. 그러려면 작은 영업소보다는 큰 영업소에 가는 것이 유리하다. 큰 영업소는 환전 금액이 어느 정도 되면 주거래 고객이 아니더라도 우대 환율을 적용해주기도 한다. 금액에 따라서, 혹은 은행 지점 사원의 역량에 따라서, 고객의 은행 거래 내역에 따라서 최대 80~100%까지 우대 환율을 받을 수 있다.

우대 환율이란 무엇인가? 환전 수수료는 현찰을 매입할 때의 환율에서 매매 기준율을 뺀 은행 수수료를 말하는데, 우대 환율은 은행 수수료를 깎아주는 것이다. 매매 기준율+(환전 수수료×우대 환율)로 계산해보면 실제로 얼마나 싸게 환전해주는지 계산할 수 있다. 예를 들면, 중국 위안화 매매 기준율이 167.63이고 현찰을 살 때의 환율이 176.01이라고 하면

176.01에서 167.63를 뺀 8.38이 은행 수수료가 된다. 환율 우대를 50% 받는다면 167.63+(8.38×0.5)=171.82가 된다. 환금액을 50% 우대받은 환율 171.82로 계산하면 된다. 금액이 적을 때는 얼마 차이나지 않지만 액수가 커지면 적지 않은 돈이 되기 때문에 은행별로 잘 따져보고 환전하는 것이 좋다.

또 위안화로 환전할 금액이 200만 원 이상이라면 한국에서 먼저 달러로 환전하고 중국에서 다시 위안화로 바꾸는 것이 좋다. 두 번에 걸쳐 환전하는 것이 번거롭고 환전할 때마다 환전 수수료가 나가기 때문에 더 손해라고 생각할지도 모르지만, 200만 원을 환전하면 적게는 3만 원에서 많게는 8만 원 정도 환전 차액이 생긴다. 이렇게 환전 차액이 생기는 이유는 달러는 기준 통화이고 위안화는 기준 통화가 아니기 때문이다. 우리나라에서 달러를 환전하게 되면 많이 통용되는 통화이기 때문에 우대 환율이 많이 적용된다. 하지만 위안화는 아무리 많은 금액을 환전하더라도 기준 통화가 아니기 때문에 우대받는 데 한계가 있다.

은행에서 환전할 때 은행도 마찬가지로 통화를 사 오는 것이다. 달러나 엔화, 유로화를 제외하고, 위안화는 가까운 중국에서 사용하고 환전하는 사람이 많은데도 기타 통화에 속한다. 그래서 은행에서도 달러와 위안화를 매입할 때의 수수료 차이가 많게는 3~4배 정도 차이가 나기 때문에 우대해줄 수 있는 금액도 다르다.

일반적으로 은행에서 환전할 때 주거래 은행이 아닌 경우 많아야 20~30% 정도를 우대해준다. 주거래 은행이고 환전하려고 하는 금액이 많다면 은행 직원에게 얼마까지 우대 가능한지 물어보고, 만약 비싸다는 생각이 들면 다른 지점에 가서 다시 흥정하면 된다. 요즘은 인터넷으로 환전을 신청해서 공항에 있는 은행 지점에서 돈을 찾기도 하는데, 인터넷 환전은 최대 30~50%까지 우대 환율을 적용받을 수 있기 때문에 잘 이용하면 간편하고 편리하게 환전할 수 있다.

이렇게 통화마다 우대 환율 조건이 다르기 때문에 조금 번거롭기는 해도 달러로 환전해서 다시 중국에서 위안화로 환전하면 금액에 따라 몇 만 원에서 몇 십만 원까지 차이가 난다. 환전만 잘해도 돈을 벌 수 있는 것이다.

### 간단하게 꼭 필요한 짐만 꾸리자

중국은 정말 넓은 나라이기 때문에 지역별로 날씨 차이가 심하다. 그렇기 때문에 가려는 지역의 날씨를 먼저 확인한 다음에 어떤 옷을 가져갈지 정해야 한다. 중국 남쪽 지역은 평균 기온이 25℃가 넘지만 북쪽의 평균 기온은 -5℃로 평균 기온 차가 30℃ 정도 차이난다. 또 비가 오는지도 체크해야 한다.

큰 도매시장이 있는 광저우와 이우만 비교해봐도 차이가 많다. 광저우는 연평균 기온이 22.75℃이며, 이우는 18℃다. 광저우의 연평균 강수량은 1900~2300mm다. 광저우의 최난월 평균 기온은 33.9℃이며 최한월 평균 기온은 18.7℃다. 이우의 최난월 평균 기온은 29.9℃, 최한월 평균 기

(단위: ℃)

| 도시 | 1월 | 2월 | 3월 | 4월 | 5월 | 6월 | 7월 | 8월 | 9월 | 10월 | 11월 | 12월 | 연평균 기온 |
|---|---|---|---|---|---|---|---|---|---|---|---|---|---|
| 광저우 | 14 | 15.5 | 18.5 | 22.5 | 26.5 | 28 | 29 | 29 | 28 | 25 | 20.5 | 16.5 | 22.75 |
| 이우 | 5.5 | 7.5 | 12 | 17.5 | 22 | 25.5 | 30 | 29.5 | 25 | 19.5 | 14 | 8 | 18 |

온은 4.3℃다. 연평균 강수량은 1100~1600㎜다. 칭다오는 연평균 기온은 13.5℃이고, 연평균 강수량은 600~800㎜다.

기본적인 생활 용품 등은 중국 현지에서 구매하는 편이 훨씬 저렴하므로 간단하게 짐을 싸는 것이 좋다. 여행용 가방도 중국 도매시장에서 구매하는 것이 훨씬 저렴하기 때문에 필자는 간단한 배낭이나 작은 가방만 가지고 갔다가, 오는 길에 가방 도매시장에서 큰 여행 가방을 구매해서 사입한 제품이나 샘플을 넣어 가지고 오는 경우가 많다.

스마트폰이나 태블릿PC가 있다면 꼭 챙기는 것이 좋고, 만약 없다면 도매시장을 다니면서 받은 수많은 명함을 정리할 명함첩이나 명함 정리 노트가 필요하다.

디지털 카메라로 제품이나 도매 상가 등의 사진을 찍는 것도 좋지만, 카메라로 제품을 마구 찍으면 도매 상인이 부담스러워하거나 사진을 찍지 못하게 막을 수 있다. 핸드폰으로 찍는 편이 탈도 적고 저녁에 사진을 확인하면서 제품을 정리하기에도 편리하다. 카메라를 가져가고 싶다면 DSLR 같이 큰 카메라보다는 소형 디지털 카메라를 가져가는 편이 좋다.

노트북은 되도록 지참하는 것이 좋다. 호텔에 컴퓨터가 비치되어 있는 곳도 있지만 없는 곳이 많고, 있다고 하더라도 속도가 매우 느리고 한글 입력이 안 되는 컴퓨터가 많기 때문에 노트북을 가져가서 도매시장이나 공장에서 본 제품들을 정리하면 도움이 된다.

스마트폰으로 현재 위치의 지도와 목적지까지의 교통편을 파악할 수는 있지만 지역별 도매시장 지도가 스마트폰용으로 나와 있는 것은 아직 없으므로 참고하자.

## 02 _ 현지에서 준비할 것들

### 숙박

중국 방문이 처음이고 중국 음식에 거부감이 있는 사람들은 민박을 선호하긴 하지만 필자는 민박을 추천하지 않는다. 민박 비용은 하룻밤에 200~300위안 정도이며 아침과 저녁 식사를 한식으로 제공하기 때문에 편리하지만 민박을 같이 운영하면서 무역 대행 회사를 운영하는 곳은 영세한 업체들이 많기 때문에 실제 거래 시에는 전문적이지 못 하거나 위험한 경우가 많다. 그리고 대부분 민박을 이용하는 사람들이 초보자라는 것을 알기 때문에 잘못된 정보를 전달해주는 경우도 있고 무역 대행 요청이나 거래 관계에서도 바가지를 씌우곤 한다. 또한 여러 사람들이 같이 이용하고 사무실을 같이 쓰기 때문에 생활하는 면에서 조금 불편함이 있다. 하지만 여러 사람과 지내기를 좋아하며 많은 정보를 얻고자 하는 사람들은 민박을 선택하는 것이 좋다. 분명히 말하지만 모든 민박이 나쁘다는 것은 아니다. 정말 친절하고 성실하게 운영하시는 분들도 많기 때문에 개인의 취향에 따른 차이라고 보면 된다.

필자는 민박보다는 호텔을 주로 이용하는데, 출발 전 한국에서 중국 호텔 예매 사이트를 통해 미리 예매하기보다는 중국 현지에서 시장과 가까운 위치에 있는 호텔을 몇 군데 비교해보고 마음에 드는 곳을 고르곤 한다. 생각보다 가격이 저렴한 호텔이 많고, 시장조사 내용을 조용하게 정리하며 다음 일정을 계획할 수 있기 때문에 자주 이용한다. 중국 호텔 프런트 직원들은 영어를 쓰기 때문에 중국어를 하지 못해도 큰 무리가 없다.

　현지에 가서 호텔을 찾는 것이 어렵다고 느껴지면 호텔 예매 사이트를 통해 적절한 가격의 호텔을 먼저 예약해놓고, 현지에 방문해서 하룻밤을 묵으면서 주변 호텔을 둘러본 후 깨끗하고 저렴한 호텔로 바꿔도 된다. 중국 호텔은 일반적으로 하룻밤에 100~800위안이고, 1000위안이 넘는 호텔도 있다. 200~300위안 정도의 호텔이면 깨끗하고 적당하다.

Tip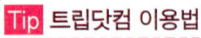

중국호텔 예매 사이트는 트립닷컴 www.trip.com을 추천한다. 한국어로 되어 있어서 이용이 편리하다. 애플리케이션도 있기 때문에 간편하게 머무는 지역의 호텔을 예매할 수 있으며 비행기표와 중국 기차표도 손쉽게 예매할 수 있다. 앱스토어에서 '트립닷컴'이라고 검색하면 다운받을 수 있다. 이메일 주소와 비밀번호만 입력하면 간단하게 가입된다.

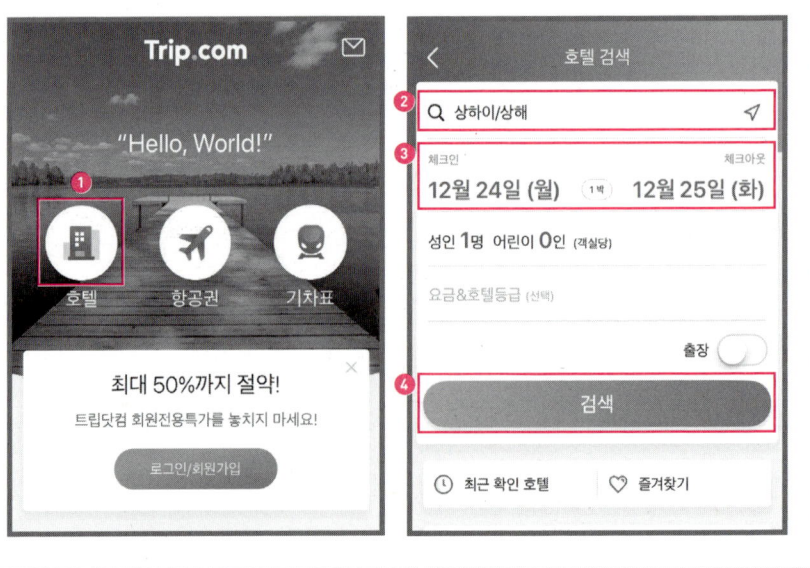

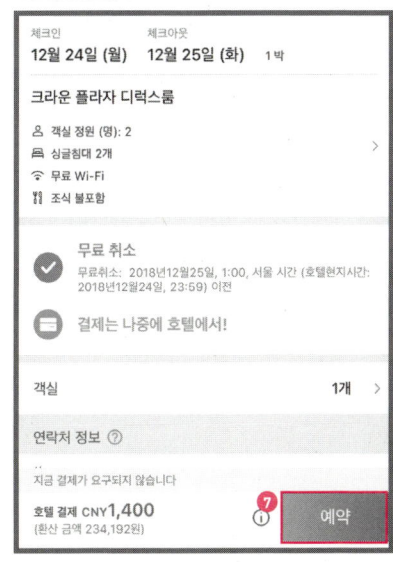
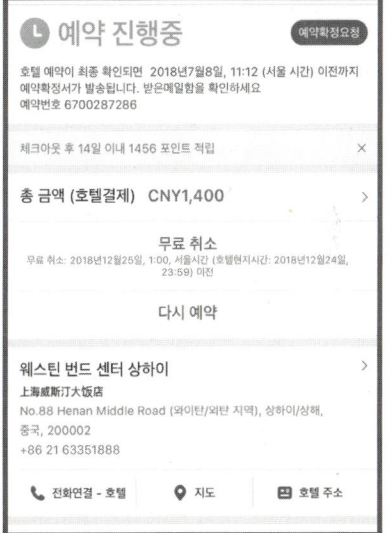

❶ [호텔]을 눌러 숙박을 예약해보자.
❷ '현재 위치 정보'를 사용하거나 지역명을 입력한다.
❸ 체크인 날짜와 체크아웃 날짜를 입력한다.
❹ [검색] 버튼을 누른다.

⑤ 해당 지역의 호텔 리스트가 검색되면 원하는 호텔을 선택한다.
⑥ 호텔을 클릭해서 들어가면 호텔 상세 사진, 이용 후기, 호텔 정책 등의 세부 정보를 볼 수 있다. 다른 사람이 이 호텔에 머물고 난 다음에 남겨 놓은 후기를 보면 호텔 선정에 많은 도움이 된다. 후기를 살펴본 후 알맞은 객실을 선택한다.
⑦ 예약 조건에 따른 비용을 확인하고 [예약] 버튼을 누른다.

트립닷컴을 이용해서 항공권과 기차표도 예매를 할 수 있다. 트립닷컴의 가장 큰 장점 중 하나는 중국 내륙 기차표를 예매할 수 있다는 것이다. 중국 기차역에서 기차표를 예매할 때는 항상 장시간 기다려야 하고 좌석이 없는 경우가 많은데 사전 예매를 통해서 그런 불편함을 해소해준다. 트립닷컴으로 기차표를 예매하고 기차역 매표소에 가서 여권과 기차표 수령번호만 보여주면 기차표를 받을 수 있다.

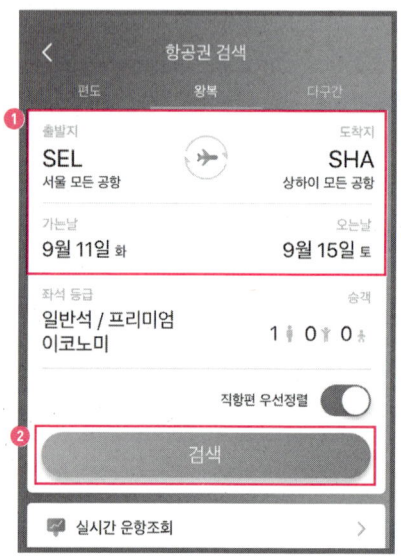
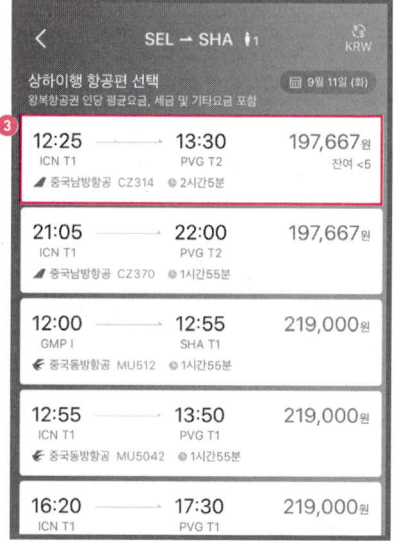

① 항공권 예약은 출발지와 도착지를 선택하고 출국 날짜와 귀국 날짜를 선택한다.
② [검색] 버튼을 누른다.
③ 가격 순으로 저렴한 항공권부터 나오게 되는데 항공편 시간과 항공사 그리고 경유 여부를 확인하고 알맞은 항공권을 선택하면 된다.

 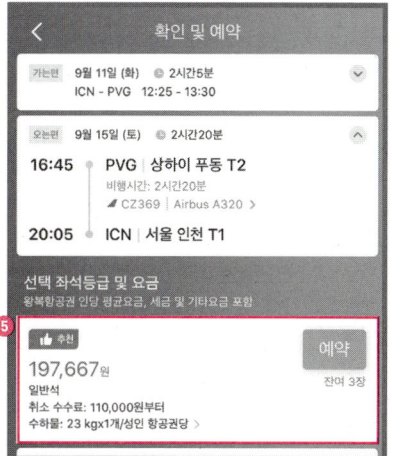

❹ 귀국 항공편에서 '+0원'으로 나타나는 항공권은 최초 선택된 요금과 같은 항공편이며 나머지 항공권들은 해당 요금을 추가로 지불해야 구매할 수 있다.

❺ 출국편과 귀국편 일정을 다시 확인하고 결제 규정에 따라서 요금제를 선택하고 결제를 진행하면 된다.

기차표 예약도 항공권 예약과 비슷하다.

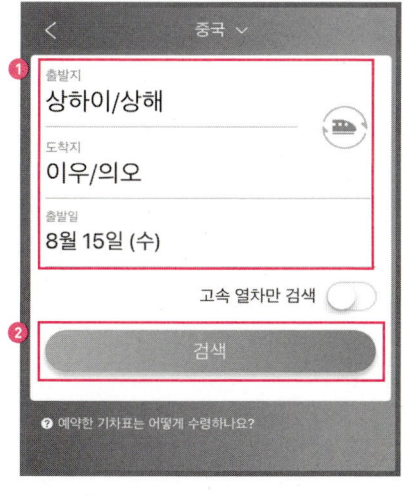 

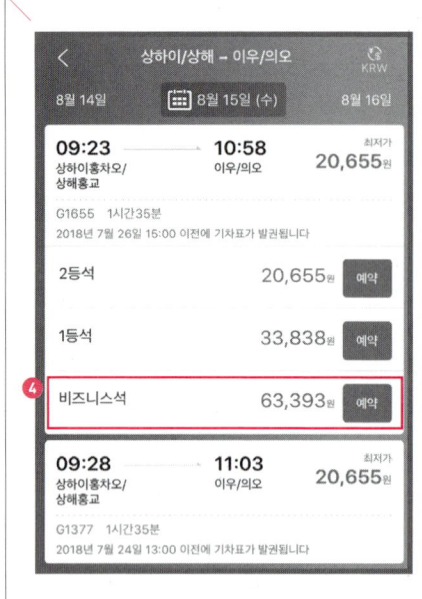
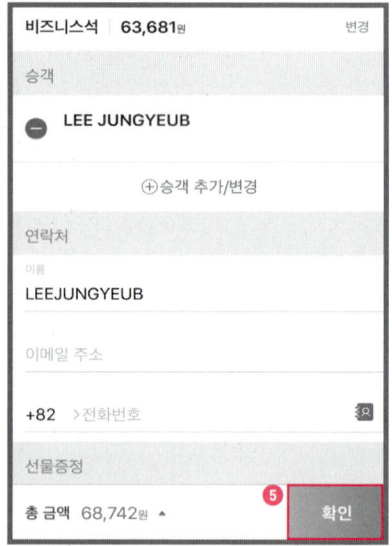

❶ 우선 출발지와 도착지를 선택하고 출발일을 선택한다.
❷ [검색] 버튼을 누른다.
❸ 시간 순으로 운행 일정이 나오는데 기차 종류에 따라 소요시간에 큰 차이가 나기 때문에 일정에 맞는 기차표를 선택하면 된다.
❹ 기차를 선택하면 좌석의 종류를 선택하는 메뉴가 나온다. 2등석, 1등석, 비즈니스석으로 요금에 차이가 있다. 좌석이 없을 경우에는 입석을 선택하는 메뉴가 나오기도 한다.
❺ 좌석의 종류를 선택하면 탑승객 이름과 여권번호, 이메일 주소, 연락처를 입력하는 메뉴가 나온다. 해당 내용을 기입하고 [확인] 버튼을 누르고 결제를 진행하면 된다.

## 교통

광저우 시장과 선전 시장은 지하철을 이용하는 것이 편리하고 그 외의 다른 지역 도매시장은 택시를 이용하는 것이 편리하다. 버스는 중국어를 하지 못하면 이용하기가 불편하고 이동 시간도 오래 걸린다. 하지만 어렵기만 한 중국 교통 정보도 쉽게 안내해주는 애플리케이션이 있다. 스마트폰을 사용한다면 중국어 입력이 가능하게 설정한 후, 앱스토어에서 중국어 병음(언어 설정에서 중국어를 추가시켜야만 사용 가능)으로 'baidu'라고 입력하면 관련 앱 중에 '百度(바이두)'라고 뜬다. 바이두 어플 안에 '百度地图(바이두디투)'라는 기능을 사용할 수가 있는데, 바이두디투는 우리나라의 네이버나 다음에서 제공하는 지도와 비슷한 서비스이다. 즉 현재 위치에서 목적지까지 편리하게 교통편을 알아봐주는 교통정보 애플리케이션이다.

또한 중국 현지인들이 가장 많이 사용하는 '高德地图(까오더디투)'라는 지도 어플도 간단한 지역 명칭과 교통 어휘를 익힌다면 도매 시장 정도는 혼자 찾아갈 수 있을 정도로 유용하다.

### 식사

요즘은 시장에 방문하는 한국 사람들이 많아서 시장 주변에 한국 요리를 취급하는 식당들이 있다. 민박을 하게 되면 아침, 저녁은 민박집에서 한식을 주기 때문에 점심은 시장 근처에서 간단하게 먹으면 된다. 이우 푸텐 시장 같은 경우는 층별로 중국식 식당이 많다. 이곳에서 밥과 반찬 등을 골라서 사 먹으면 된다. 식당에서 통용되는 플라스틱 코인이나 종이 식권을 구입해서 먹고 싶은 것을 고르면 된다. 밥과 반찬 2~3가지에 30위안 정도면 된다. 식당마다 카운터에 돈을 내면 식권으로 교환해주고, 식권으로 먹고 싶은 메뉴를 달라고 하면 된다. 남은 식권은 식사를 끝내고 나갈 때 카운터에 내면 다시 돈으로 돌려준다. 광저우나 칭다오, 선전은 시장이 건물별로 형성되어 있기 때문에 각 건물마다 식당층이 있는데, 보통은 건물의 가장

 ▶ 이우 도매 상가 식당에서 나오는 중국식 라면

 ▶ 이우 푸텐 2기 건물 건너편 KFC

꼭대기 층에 위치해 있다.

또한 건물 내 또는 도매시장 인근에 맥도날드와 KFC도 있기 때문에 간편하게 이용할 수 있다. 햄버거나 치킨 맛이 한국과 똑같지는 않지만 중국 특유의 향채 냄새나 느끼한 맛이 없기 때문에 외국인들이 많이 이용한다.

### Tip 百度地图 이용법

우선 앱스토어에서 영문으로 'baidu'를 검색하여 바이두 애플리케이션을 다운받아 실행한다.

❶ 바이두 애플리케이션을 시작하면 첫 화면 우측 상단에 보이는 기능 메뉴로 들어간다.

❷ '地图' 메뉴를 클릭한다.

❸ 왼쪽 상단에 있는 '地图'를 클릭하면 자동으로 사용자가 있는 지역을 찾는다. 이때 위치 서비스 사용을 허용해야 한다.

❹ 상단 검색 창에 목적지를 입력한다. '上海南京东路(상하이난징동루)'를 검색해보았다.

❺ 검색 결과 중 정확한 명칭과 위치를 선택한다.

❻ 우측의 화살표를 선택한다.

❼ '대중교통(公交)'를 조회하면 목적지까지 대중교통으로 이동할 수 있는 다양한 방법이 나온다. 그 왼쪽으로 순서대로 차량(驾车)과 도보(步行), 자전거(骑行)로 이동하는 방법을 확인할 수 있다.

❽ 지하철 이동을 클릭했을 때 다음 화면처럼 소요시간과 거리, 환승역 등이 나온다.

❾ 차량(驾车)으로 설정하고 조회하면 이동 시간과 거리가 나온다. 좌측 아래에 있는 [导航] 버튼을 클릭하면 내비게이션 기능으로 목적지까지 찾아갈 수가 있다.

### Tip 高德地图 이용법

중국현지인들은 百度地图보다는 高德地图(까오더디투)를 더 편리하다고 생각하고 많이 사용한다. 앱스토어에서 중문으로 '高德地图'라고 입력하고 까오더디투를 다운받아서 설치하면 된다.

❶ 까오더디투 애플리케이션을 시작하면 자동으로 사용자가 있는 지역을 찾는다. 이때 위치 서비스 사용을 허용해야 한다.

❷ 상단 검색 창에 가고자 하는 목적지를 기입한다. '广州东站(광저우동역)'을 검색해보았다.

❸ 검색 결과 중 정확한 명칭과 위치를 선택한다.

> ❹ 우측 아래의 [路线] 버튼을 누른다.
> ❺ 목적지로 이동할 수 있는 다양한 방법이 나온다. 지하철을 선택하면 목적지까지의 거리와 정거장 수, 환승역 등의 정보가 나온다.
> ❻ 차량으로 설정하고 조회하면 이동 시간과 신호등 개수와 전체 거리가 나온다. 바이두와 마찬가지로 내비게이션 기능이 있어 편리하게 이동할 수 있다.
> ❼ 중국에는 우버와 같은 차량호출서비스인 '滴滴出行'이 굉장히 발달되어 있는데, 오른쪽 화면과같이 차량을 호출하여 이동할 때의 비용과 소요시간이 나온다.

### 사고 대비하기

중국은 안전한 나라에 속하지는 않기 때문에 출발 전 여행자 보험에 드는 것이 좋다. 여행자 보험은 생각보다 가격이 저렴하기 때문에 부담이 없다. 하지만 보험사별로 보험 혜택 기준이 다르고 보험금 지급 요건이 다르기 때문에 가입 전에 비교해보도록 한다. 필자는 중국 이우 시장에서 지갑을 소매치기당한 적이 있었는데, 지갑에 800달러, 500위안, 신용카드가 있었지만 여행자수표를 제외한 현금이나 신용카드는 얼마 갖고 있었는지 증빙되지 않으므로 보상받지 못하고 순수하게 지갑만 보상받을 수 있었다. 물품을 분실했을 때도 물품 가격을 전부 보상받는 것이 아니므로 품목별로 최대 얼마까지 보상받을 수 있는지 확인하고 가입해야 한다.

　중국에서 신변상의 문제가 생기거나 위급 상황 시에는 먼저 대사관 또는 영사관에 연락을 취하는 것이 좋다. 핸드폰을 로밍해서 중국에 입국하면 외교통상부 영사콜센터(82-2-3210-0404)의 전화번호가 문자로 자동으로 오는데, 그곳에 바로 연락을 취하거나 아래의 대사관이나 총영사관에 연락하면 된다.

**Tip** 대사관 및 영사관 연락처

**베이징 한국 대사관:** 전화 (010)8532-0404
팩스 (010)6532-3891
주소 中国 北京市朝 北京市朝 阳区第三使 第三使 馆区东方 东路 20号
이메일 chinaconsul@mofa.go.kr
홈페이지 overseas.mofa.go.kr/cn-ko/index.do
관할구역 북경, 천진, 하북성, 산서성, 청해성, 내몽고자치구, 신강위구르자치구, 서장자치구 (北京, 天津, 河北省, 山西省, 靑海省, 內蒙古自治區, 新疆自治區, 西藏自治區 )

**주상하이 총영사관:** 전화 (021)6295-5000
팩스 (021)6295-2629
주소 中国上海市万山路60号
메일 shanghai@mofa.go.kr
홈페이지 overseas.mofa.go.kr/cn-shanghai-ko/index.do
관할구역 상해, 안휘성, 강소성, 절강성 (上海市, 安徽省, 江蘇省, 浙江省)

**주칭다오 총영사관:** 전화 (0532)8897-6001
팩스 (0532)8897-6005
주소 城阳区春阳路88号
이메일 qdconsul@mofa.go.kr
홈페이지 overseas.mofa.go.kr/cn-qingdao-ko/index.do
관할구역 청도, 산동성 (青島市, 山東省)

**주광저우 총영사관:** 전화 (020)2919-2999
팩스 (020)2919-2963
주소 海珠区赤岗领事馆区友邻三路18号
이메일 guangzhou@mofa.go.kr
홈페이지 overseas.mofa.go.kr/cn-guangzhou-ko/index.do
관할구역 광동성, 광서장족자치구, 해남성, 복건성 (廣東省, 廣西壯族自治區, 海南省, 福建省)

**주홍콩 총영사관 :** 전화 (852)2529-4141
팩스 (852)2861-3699
주소 5-6/F, Far East Finance Centre, 16 Harcourt Road, Hong Kong
이메일 hkg-info@mofa.go.kr
홈페이지 overseas.mofa.go.kr/hk-ko/index.do
관할구역 홍콩, 마카오 (香港, 澳門)

| | |
|---|---|
| 주심양 총영사 : | 전화 (024) 2385-3388 |
| | 팩스 (024) 2385-5170 |
| | 주소 中國 遼寧省沈陽市和平區南13緯路37號(110003) |
| | 이메일 shenyang@mofa.go.kr |
| | 홈페이지 overseas.mofa.go.kr/cn-shenyang-ko/index.do |
| | 관할구역 요녕성, 흑룡강성, 길림성 (遼寧省, 黑龍江省, 吉林省) |
| 주청두 총영사관 : | 전화 (028) 8616-5800 |
| | 팩스 (028) 8616-5789 |
| | 주소 中國 四川省成都市东御街18号百扬大厦14楼(610016) |
| | 이메일 chengdu@mofa.go.kr |
| | 홈페이지 overseas.mofa.go.kr/cn-chengdu-ko/index.do |
| | 관할구역 중경직할시, 사천성, 운남성, 귀주성 (重慶直轄市, 四川省, 云南省, 貴州省) |
| 주시안 총영사관 : | 전화 (029) 8835-1001 |
| | 팩스 (029) 8835-1002 |
| | 주소 中國 陝西省西安市高新技術産業開發區科技路33號國際商務中心 19層(710075) |
| | 이메일 xian@mofa.go.kr |
| | 홈페이지 overseas.mofa.go.kr/cn-xian-ko/index.do |
| | 관할구역 섬서성, 감숙성, 녕하회족자치구 (陝西省, 甘肅省, 寧夏回族自治區) |
| 주우한 총영사관 : | 전화 (027) 8556-1085 |
| | 팩스 (027) 8574-1085 |
| | 주소 中國 湖北省武漢市江漢區新華路218號 浦發銀行大廈4樓(430022) |
| | 이메일 wuhan@mofa.go.kr |
| | 홈페이지 overseas.mofa.go.kr/cn-wuhan-ko/index.do |
| | 관할구역 호북성, 호남성, 하남성, 강서성 (湖北省, 湖南省, 河南省, 江西省) |
| 주대련 출장소 : | 전화 (0411) 8235-6288 |
| | 팩스 (0411) 8235-6283 |
| | 주소 中國 中国辽宁省大连市中山区人民路２３号虹源大夏５层 5th |
| | 이메일 dalian@mofa.go.kr |
| | 홈페이지 overseas.mofa.go.kr/cn-dalian-ko/index.do |
| | 관할구역 대련시 (大连市) |

## 가이드

결론적으로 말하면, 가이드는 필요 없다. 혼자 다니는 편이 낫다. 처음 중국에 들를 예정인 사람이라면 말도 안 되는 소리라고 할지도 모르지만, 필자의 경험과 중국 소싱 조사단에 참가했던 사람들의 경험을 참고해도 가이드 없이 다니는 편이 효율적이다. 가이드를 구하기는 쉽다. 인터넷 검색창에 중국 가이드, 이우 가이드, 광저우 가이드라는 검색어만 입력해도 관련 업체, 카페, 블로그는 정말 많다. 그러나 이런 가이드는 차라리 이용하지 않는 편이 낫다.

가이드 비용은 이우, 칭다오는 하루 400~500위안, 광저우, 선전은 하루 500~600위안 정도 한다. 대부분 조선족인데, 이런 가이드들은 시장이나 매장의 위치, 교통 등의 각종 현지 정보들은 잘 알지 모르지만 정작 중요한 아이템 조사나 단가 흥정에는 도움이 되지 않는다. 대부분의 가이드들은 시간만 때우면 돈을 받는다는 생각에 쉬엄쉬엄 다니려고 하고 열심히 흥정하려고 하지도 않는다. 이들은 가이드만 전문적으로 하기 때문에 단골 매장 위주로 다닌다. 처음 중국에 온 사람들은 이들의 말을 쉽게 믿고 소개해준 매장에서 샘플을 구매하거나 오더를 내리는데, 매장에서는 손님을 데려오는 조건으로 가이드들에게 일정한 커미션을 준다. 커미션은 고스란히 고객이 부담하게 되므로 제품 가격이 높아질 수밖에 없다. 기타 물류나 운송도 자신이 잘 아는 곳을 소개시켜주겠다고 하고, 결제도 한국 통장으로 대신 받아서 좋은 조건으로 중국 업체에 결제해주겠다고 말한다. 이런 가이드는 수수료로 이득을 챙기려 하다 보니 잘못된 정보를 가르쳐주곤 한다.

만약 자기 뜻대로 바이어가 따르지 않으면 일부러 피곤한 척하면서 들어가는 매장마다 의자에 앉거나 담배를 태우러 가는 등 오히려 가이드 때문에 불편해서 시장조사를 제대로 못하는 경우가 많다. 물론 인터넷으로 구하는 가이드들이 전부 이렇지는 않지만 80~90%는 열정적이지 못하고 시간만 때우려 든다.

그럴 바에는 어설픈 영어나 중국어라도 하면서 혼자서 시장을 돌아다니는 편이 낫다. 그래도 가이드가 꼭 필요하다면 중국 무역 회사를 알아봐서 직원에게 통역을 요청하자. 중국 무역 회사 직원들은 똑같이 가이드를 해주더라도 바이어로 인식하고 앞으로 오더를 진행시키기 위해 더 열심히 통역해주고 가이드해준다. 무역 회사 직원들이기 때문에 최근 제품 트렌드나 발주 유형에 대한 정보도 많고 시장에 대한 지식도 많기 때문에 여러 가지를 문의할 수 있다.

광저우에서 민박 겸 무역 회사를 운영하는 한 한국 사장은 본인이 가이드를 하게 되면 하루 1000위안이고 부인이 가이드하면 하루 500위안이라며 말도 안 되는 가격을 제시하기도 했다. 이렇게 민박집에서도 바가지를 씌우는 경우가 많기 때문에 추천하지 않는다.

### 국제전화 저렴하게 이용하는 법

스마트폰인 경우는 자동으로 로밍되기 때문에 따로 신청하지 않고도 바로 사용할 수 있다. 스마트폰이 아닌 경우에는 공항에서 해당 통신사 로밍 센터에서 로밍 서비스를 신청하면 된다. 통신사별로 차이는 있지만 KT를 예로 들면, 중국에서 음성통화 비용이 1초당 1.98원, 영상통화 비용이 1초당 3.3원으로 예전보다 가격이 많이 저렴해졌기 때문에 굳이 중국 유심USIM칩을 구매하지 않아도 된다. 단 중국 통장 등을 개설할 목적이면 중국 현지에서 현지 유심칩을 구매해야 한다. 한국에서 인터넷으로 인터넷 국제전화 카드를 구매해서 이용하는 것이 가장 저렴하다. 인터넷 국제전화 카드 중 발신 국가를 중국으로, 수신 국가를 한국으로 설정한 후 가장 통신 비용이 저렴한 인터넷 국제전화 카드를 구매한다. 현지 공중전화나 호텔에서 해당 카드 접속 번호와 구매한 카드 번호 그리고 한국 연락처를 차례로 입력하면 이용할 수 있다. 그러면 중국 현지 시내 요금만 내면 되고, 국제전화 요금은 인터넷 카드에서 빠진다.

현지 공중전화 통화 요금마저 아깝다면 현지에서 중고폰을 사는 것도 좋은 방법이다. 중고 핸드폰(二手手机, 얼소지) 판매 매장은 시장 주변에도 많으며, 가격도 100위안부터 1000위안까지 다양하다. 출시된 지 얼마 안 된 모델의 중고폰은 2000~3000위안을 상회하기도 한다. 중고폰과 유심칩만 사면 바로 이용할 수 있다.

하지만 요즘엔 카카오톡 등의 스마트폰 앱을 통해서도 무료로 통화할 수 있기 때문에 이를 이용해 무료 국제전화 서비스를 이용하는 것도 생각해볼 수 있다. 그런데 이런 서비스들은 국제 데이터 로밍 비용이 든다. 데이터 이용 요금은 0.275원/0.5kb로, 조금만 앱을 이용하거나 인터넷을 사용해도 금방 몇천 원이 넘는다. 따라서 이런 서비스를 이용할 때는 공항 통신사별 로밍 서비스 센터에서 하루 1만 원 무제한 국제 데이터 서비스를 신청하는 것이 좋다. 혹은 중국 포켓 와이파이 '와이파이도시락' 서비스를 출국 전에 미리 신청해서 공항에서 수령한 후 중국 현지에서 이용하면 저렴하게 인터넷 서비스를 이용할 수가 있다.

>월드폰

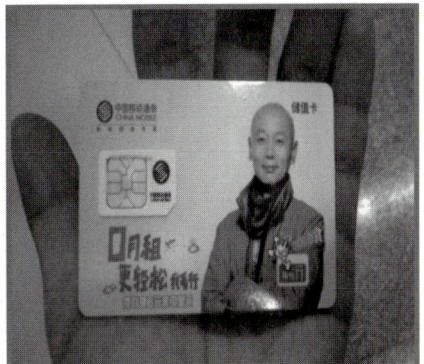
>한국에서 구매한 중국 유심

　그러면 시장을 돌아다니면서 인터넷으로 제품 검색을 할 수 있기 때문에 국내 오픈마켓 판매 단가나 도매가를 확인할 수도 있다. 또한 앱을 통해 무료 데이터 문자로 한국에 연락을 취할 수 있기 때문에 가장 요긴하게 쓸 수 있는 방법이다.

　가장 저렴한 통화 방법은 2G '월드폰'이다. 현재 우리나라는 100% 3G 통신망을 사용하고 있지만 중국을 비롯한 해외는 90% 이상이 2G 통신망을 이용하고 있다. 그렇기 때문에 중국 출장 전에 국내에서 월드폰을 구매하고 중국 현지에서 유심을 구매해서 이용하면 저렴하고 편리하게 국제전화를 이용할 수 있다. 아이폰이나 갤럭시 같은 최신 스마트폰 같은 경우는 해외에서 유심칩만 바꿔서 해외 2G망을 이용할 수 있지만, 유심칩을 바꾸면 자신의 번호를 사용하지 못하게 되면서 기존 번호로는 전화를 받을 수 없다는 단점이 있다. 중국에서 사용할 수 있는 유심칩은 인터넷으로 구매가 가능하다. 검색 사이트에 중국 유심칩이라고 검색하면 관련 대행 업체들이 많다.

# 3장
## 실전에 필요한 행동 요령

## 01 _ 복장부터 체크하라

돈을 얼마나 쓰는지는 중요하지 않다. 중요한 것은 마음가짐이다. 나는 1위안을 쓰든 100위안을 쓰든, 빅 바이어의 마인드로 접근하려고 노력한다. 때로는 중국 공장에 앞으로 오더를 많이 할 것처럼 말해서 뒷감당이 힘들기도 하지만, 그래도 괜찮다. 곧 그렇게 오더를 많이 할 것이라고 생각하기 때문이다. 지금은 샘플을 한 개 살지언정 우리는 빅 바이어다.

프로와 아마추어의 차이는 무엇일까? 물론 실력에서 차이가 나겠지만 디테일부터 다르다. 프로들은 디테일에 신경을 많이 쓴다. 아마추어가 보기엔 과하다 싶을 정도로 쓸데없는 부분에도 신경을 쓰는 것처럼 보인다.

축구로 예를 들면, 프로 축구 선수와 조기 축구 선수와는 경기 준비 과정에서도 큰 차이가 있다. 프로 선수는 상대 팀 분석, 식단 조절, 훈련량 조절, 체중 조절은 기본이고 축구장의 잔디, 축구화, 양말, 정강이 보호대, 축구공, 날씨 등의 아주 세부적인 부분에도 신경을 쓴다. 이런 미세한 부분이 승부의 승패를 갈라놓는 것을 알기 때문이다.

프로 축구 선수가 세부적인 사항을 꼼꼼하게 체크하고 준비하는 것과 마찬가지로 제품 소싱 전문가 또한 디테일에 신경을 쓴다. 제품의 컬러, 품질, 불량률, 시장성, 재고 부담 등은 물론이고, 좋은 품질의 제품을 가장 저렴한 가격으로 구매하기 위해 말 한마디, 행동 하나에도 신경을 쓴다. 그런데 이러한 세부 사항에 신경을 쓰기 전에 가장 먼저 체크하고 준비해야 되는 것이 복장이다.

"시장을 돌아다니는데 복장이 뭐가 중요한가?" 하고 반문하는 사람이

> 깔끔한 복장은 좋은 이미지를 준다

많을 듯싶다. 깔끔하고 활동적인 복장이면 그만이라고 생각하겠지만, 복장은 비즈니스 협상과 연관이 깊다. 복장을 통해 상인에게서 관심을 끌어낼 수 있고 특별한 이미지를 심어줄 수 있기 때문이다. 게다가 복장에 대한 세심한 차별화는 원하는 물건을 최대한 저렴한 단가로 얻어내는 데 중요한 역할을 한다.

　도매시장 내의 한 상가만도 하루 수십 명에서 수백 명의 구매자(바이어)들이 제품을 둘러보고 가격을 물어본다. 그런데 상인들은 질문하는 사람 모두가 물건을 사리라고 기대하지 않는다. 그렇기 때문에 상인들은 대충 답변해주고 다른 사람들과 똑같은 가격을 제시한다. 수많은 바이어들 중에서도 상인들은 정말 물건을 살 만한 바이어에게만 접근하고 관심을 보이며 제대로 된 단가를 제시한다. 따라서 물건을 살 만한 바이어로 보이고 그래서 상인들이 이 바이어에게 물건을 팔고 싶다는 느낌을 불러일으키게 하는 첫 번째 전략이 바로 복장이다.

　흔히들 돈이 많아 보이면 바가지를 씌우거나 원래 가격보다 비싸게 받지 않을까 걱정한다. 그러나 이는 잘못된 생각이다. 소매시장에서는 그럴 수도 있겠지만 도매시장이나 공장 혹은 업체 간 거래에서는 그렇지 않다. 복장에서 여유가 느껴져야 한다. 그렇다고 비싼 브랜드 옷으로 과하게 치장하는 것은 문제가 되겠지만 적어도 궁핍해 보이면 안 된다.

실례로 똑같은 업체, 같은 제품의 물건을 한 달 간격으로 문의한 적이 있었다. 첫 번째 거래하고자 문의했던 사람은 반팔 티에 반바지를 입고 배낭을 메고 샌들을 신은 복장으로 시장을 찾았다. 가죽 가방 가격을 문의했는데, 이때 상인은 최소 주문량 60개, 120위안을 요구했다.

한 달 후, 똑같은 가죽 가방 제품에 관심이 있는 사람이 있었는데 똑같은 상인으로부터 최소 주문량 30개에 단가는 98위안이라고 들었다. 그때 그 사람은 고급 캐주얼 재킷과 고급 면바지를 입고 있었고 태블릿PC를 들고 있었다.

위의 사례 두 번 모두, 필자가 직접 통역하면서 가격을 똑같이 흥정했다. 동일한 제품이었고 최소 주문량으로 발주하려 했고 같은 납기일이었다. 모든 상황이 같았는데도 상인은 더 잘 차려입은 바이어에게 더 적은 최소 주문량과 더 저렴한 단가를 제시했다.

이렇듯 외형적인 부분이 모든 기준의 척도는 아닐지라도 분명히 영향을 미치게 된다. 똑같이 가격을 흥정해도 보따리 상인 같은 행색으로 가격을 깎으면 중국 상인들은 물건도 조금 살 것이고 앞으로도 많이 사지는 않을 것이라고 직감적으로 판단한다. 그래서 최소 주문량이나 단가를 다소 높게 부른다. 반대로 바이어가 복장을 잘 차려입었을 경우, 상인은 좀 더 매출이 큰 바이어로 인식한다. 상인은 이 바이어와 상담하면서 '적절한 가격을 제시하면 앞으로 오더를 많이 할 수도 있겠구나' 하고 생각한다. 따라서 상인은 바이어에게 최소 주문량과 단가를 제시하여 바이어와 거래하기 위해 노력을 기울인다.

물론, 복장 때문에 단가를 저렴하게 받았다고 단정지어 말할 수는 없다. 하지만 차별화된 복장은 상인에게 특별한 바이어라는 인상을 줄 수 있으므로 거래 시 유리하게 작용한다.

## 02_ 시장 상인과 기 싸움에서 이기는 요령

### 가격을 물어보지 마라

또 다른 중요한 전략은 가격에 대한 질문을 할 때 필요하다. 일반적인 사람들이 시장에 가서 쓰는 말은 뻔하다. "이거 얼마예요?", "이거 어떻게 해요?", "어휴, 좀 비싸네", "두 개 사면 얼마까지 해주실 수 있어요?", "많이 사면 좀 깎아주시나요?", "이렇게 많이 샀는데 좀 깎아주세요" 등 이런 말은 소비자가 제품을 한 개씩 구매할 때 통상적으로 쓰는 말이다.

동대문이나 남대문의 상인들은 구매자가 하는 첫 한마디로 이 사람이 장사 초보자인지 장사 잘하는 전문가인지를 파악한다. 아니면 되려 질문을 던지기도 한다. "어디에서 파세요?", "인터넷 판매하시나요?"

그 질문에 대한 대답을 듣고 판단한 후 단가를 말한다. 한두 개 사러 온 사람에겐 비싸게 부르고, 많이 구매할 것 같은 사람에겐 가능한 한 싸게 불러서 많이 사게 만든다. 도매시장이나 공장에서 고정 가격이란 존재하지 않는다. 사람에 따라, 양에 따라, 혹은 시기에 따라 제품 가격은 천차만별이

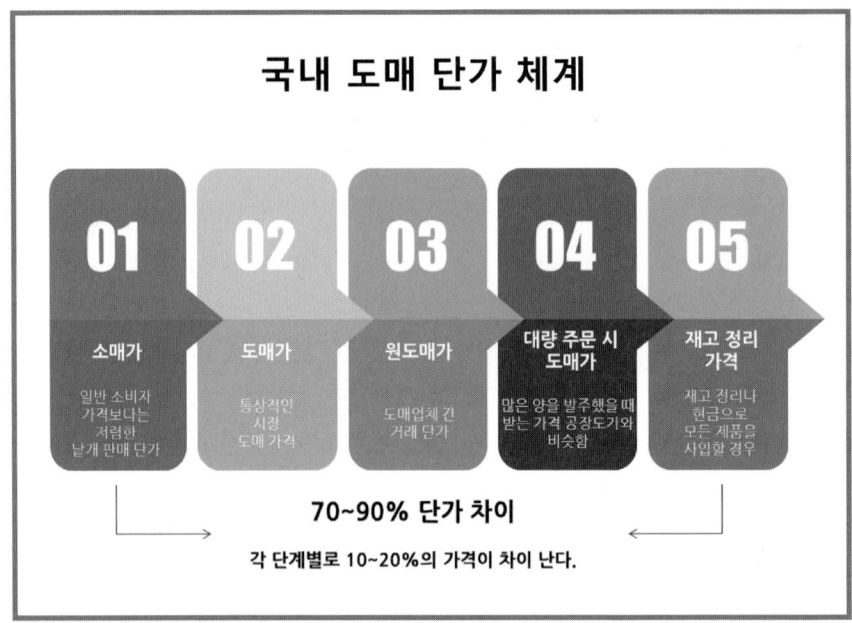

> 국내 도매 단가 체계

다. 통상적으로 한 가지 제품에 2~5가지 종류의 가격선이 형성된다.

국내의 경우를 먼저 살펴보자. 도매업체에서 낱개로 구매했을 때는 소매업체에서 구매하는 것보다 저렴하게 구매할 수 있다. 도매가는 크게 세 가지로 형성되는데, 일반 도매가와 도매업체 간의 거래 시 통용되는 원도매가가 있고, 대량 주문했을 때 공장도 가격과 거의 같은 도매가가 있다. 그리고 마지막으로 도매 매장에 있는 특정 품목의 재고를 현금으로 전부 사입할 경우 가격은 또 한 번 내려간다.

중국에선 나라도 크고 시장도 크기 때문에 이보다 더 많은 단가 체계가 형성된다. 일단 중국 도매업체에서는 낱개 판매를 하지 않기 때문에 소매가는 제외하고 일반 도매 가격도 외국인인지, 중국 현지인인지, 중국 현지

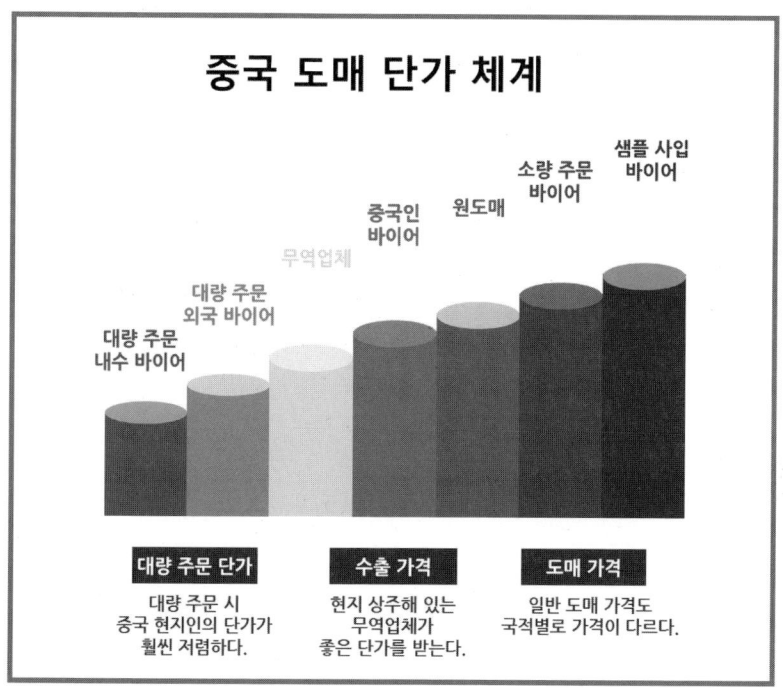

>중국 도매 단가 체계

인 중에서도 조선족인지 한족인지에 따라서 가격이 달라진다. 심한 경우는 바이어의 국적에 따라서도 가격이 달라진다.

이처럼 중국에선 다양한 단가가 형성되기 때문에 처음엔 아예 가격을 물어보지 않는 것이 좋다. 대신 주로 중국 내수 거래인지 해외 거래인지, 해외 거래 바이어들은 주로 어떤 나라인지 물어보고, 최소 발주량과 자신이 최대 할 수 있는 발주량을 알려준 후에 가격을 제시하는 것이 여유로우면서도 신중한 바이어의 느낌을 주게 된다.

중국은 웬만한 내수 시장 바이어가 외국 바이어보다 주문량이 많기 때문에 어설프게 큰 바이어인 척하면 오히려 망신을 당할 때가 있다. 그러므로 현지에 상주해 있는 무역업체를 통해 단가를 알아보는 것도 좋다. 대부분의 수출 제품은 현지 시장에 상주해 있는 업체가 더 좋은 단가를 받게 된다.

그렇기 때문에 처음 물건을 구매할 때는 현지에 있는 무역업체를 최대한 활용하는 것이 좋은 방법이다. 이렇게 하면 당연히 수수료를 내야 하지만, 중국에 가서 물건을 조금 사 가지고 와서는 성공하지도 못하고 힘만 들이는 것보다는 낫다. 일본 무역은 소규모로 조금씩 사 와서 판매하는 것이 가능할지 몰라도 중국 무역은 그런 식으로 할 수 없다.

대량 주문 시에도 바이어별로 단가는 차이가 있다. 물론 모든 도매업체가 이와 같은 기준으로 단가를 매겨 판매하는 것은 아니다. 바이어의 국적에 관계없이 고정된 도매 가격으로 판매하는 업체도 있다. 그러나 일반적으로는 바이어별로 맞춤형 단가가 형성된다. 이처럼 가격은 사람에 따라 달라지기 때문에 장사 초보자처럼 보이지 않는 것이 중요하다.

### 전문 상인처럼 행동하라

무엇보다 제품 가격부터 물어보지 말라고 언급했었다. 흔히 맘에 드는 제품이나 관심이 있는 제품을 고르고 가격을 물어본다. 하지만 그 대신 상대방에게 "나는 도매상이고 제품을 많이 살 것이다"라는 암시를 주는 말이 있다. "한 박스에 몇 개의 제품이 들어 있나요?"라는 질문이다.

바이어가 상인에게 개당 가격을 물어보지 않고 박스로 물어보면, 일단 상인은 이 사람이 낱개로 구매하러 온 사람은 아닐 거라고 추측한다. 대량 구매자일 가능성이 높다고 생각하는 것이다. 대개의 사람들은 개당 단가를 물어보는데, 한 박스에 들어 있는 수량부터 체크하는 바이어를 만나게 되면 상인은 '이 바이어가 주문하면 기본 수량이 좀 되겠구나' 하고 판단해서 거래에 관심을 갖는다.

장사하는 사람들은 세계 어디에서나 똑같다. 중국도 마찬가지다. 이것으로 끝나는 것이 아니라 차별화된 말과 행동을 보여줘야 한다. 박스 안의 제품 수량을 질문한 후에는 제품에 따라 각기 다른 수량, 예를 들어 260개 혹은 3500개 제품을 발주했을 때의 납기일을 각각 물어본다. 자신감만 있다면 2만 개 혹은 13만 개도 좋다.

발주할 제품 수량은 100개, 1000개 등 딱딱 끊어지는 보편적인 수량보다는 380개, 2400개 등 구체적이고 불규칙적인 수량으로 이야기하는 것이 효과가 있다. 뜬금없이 무턱대고 물어본다는 인상을 주지 않기 위해서다. 참고로 사는 수량이 꼭 500개, 1000개씩이 아니어도 관계없다. 필요한 수량이 440개면 굳이 500개를 주문하지 않아도 된다는 말이다. 질문할 때 머릿속으로 구매 수량을 생각하는 것처럼 잠시 뜸을 들이거나, 그 자리에서 계산기를 두들기며 필요한 수량으로 발주했을 때의 납기일을 물어본다.

지금 당장 제품을 많이 사지 않더라도 일단 많이 발주할 것처럼 보여야 한다. 그리고 샘플 제작 기간, 포장 방법, 결제 방법에 대해 물어본다. 제품을 이리저리 꼼꼼하게 보다가 마지막으로 단가를 물어보면 된다. 이런 식으로 수량이 많을 때 단가가 얼마가 되는지 파악해야 된다. 그리고 낱개 단가 혹은 최소 구매 수량에 대한 단가를 물어보면 된다. 이렇게 하면 기본적으로 낱개당 개별 단가만 물어보고 지나가는 일반적인 구매자보다 더 낮은 단가를 받을 수 있다. 통상적으로 10~20%, 많게는 30~40% 정도는 저렴하게 부른다.

실제로 이런 식으로 제품의 단가에 차이가 났던 사례는 수도 없이 많다. 낱개당 개별 단가가 145위안, 최소 주문량이 50개였던 전자제품이 있었다. 그런데 몇 주 후 제품을 사입하려고 마음먹고 다시 이 업체를 방문했을 때, 이 제품을 4800개 주문할 때의 납기일을 물어보고 다른 사항을 꼼꼼하게 물어본 후 단가를 물어보았다. 4800개 주문했을 때 105위안으로 제작 가능하다는 대답이 나왔다. 그리고 최소 주문량과 단가를 질문했다. 이때 최소 주문량은 똑같이 50개였지만, 상인은 115위안까지 주겠다고 말했다.

두 경우 모두 최소 주문량이 50개로 동일했는데도, 질문의 방법, 순서의 차이로 인해 결과적으로 145위안과 115위안이라는 단가의 차이가 발생했다.

처음부터 개별 단가와 최소 주문량을 바로 물어보았다면 도매상은 다른 사람들에게 말했던 것과 똑같이 145위안으로 불렀을 것이다. 하지만 많은 수량에 대한 단가를 질문하고 여러 가지 사항을 꼼꼼히 체크한 후 최소 주문량과 단가를 물어봤을 때는 더 저렴해진 가격을 받을 수 있었다. 이럴 때 큰 오더를 진행하기 위해 먼저 업체 테스트를 해봐야 한다고 말한다. 중국 도매업체들이 매장에 놔둔 샘플과 실제 생산된 제품에는 품질의 차이가 있을 수 있기 때문에 샘플과 같은 제품이 생산되는지 먼저 최소 주문량으로 발주해보고 생산된 것이 괜찮다면 차후에 4800개 오더를 진행하겠다고 말하면 된다. 이렇게 하면 대부분의 도매상들이 최소 주문량이라도 기존에 말한 수량일 때의 단가로 준다.

물론 구매량 혹은 바이어에 관계없이 고정된 도매가를 고수하는 업체도 있기 때문에 모든 도매업체에 적용되는 방법은 아니다.

## 03 _ 얕잡아 보이지 않는 요령

### 나는 빅 바이어다

모든 행동과 말에는 단가를 조금이라도 저렴하게 받으려는 세심한 노력을 기울여야 한다. 그러나 옷을 잘 차려입고 아무리 세련된 바이어처럼 보인다고 하더라도 기가 죽어 있거나 말이나 행동에 망설임이 있다면 위축되고 소극적인 구매 태도를 보이게 한다.

사실 처음 상거래를 시작하여 물건을 구입하는 초보 바이어들은 물건이 잘 팔릴 것인지 결과에 대한 확신이 없기 때문에 일단 물건을 소량 구입한 후 판매해보려고 한다. 따라서 초기에는 판매 테스트를 위한 목적으로 물건을 소량만 구입하는 경향이 있다.

반면 상거래에 경험이 많은 전문 바이어들은 물품 선정이나 구입에 대한 확신을 갖고 있기 때문에 판매 결과를 염려하지는 않는다. 전문 바이어들은 내가 이 상인 또는 업체와 거래했을 경우, 제품의 품질이 보장될 수 있는지, 납기일이 제대로 맞춰질 수 있을 것인지 등 업체를 테스트하기 위해 상품을 구매한다.

판매 테스트와 업체 테스트는 분명히 다른 구매 목적이며, 물건을 파는 상인 또한 판매 테스트 목적을 지닌 바이어와 업체 테스트를 하는 바이어에게 다른 반응을 보일 수밖에 없다. 상인의 입장에서는 판매 테스트의 목적을 갖고 소량을 구입하는 바이어보다는 업체를 테스트하기 위해 상품을 구매하려는 전문 바이어에게 더 신경을 쓰지 않을 수 없다. 상인들은 업체 테스트를 하기 위해 상품을 구매하는 전문 바이어와 첫 거래가 잘 이루어

질 경우, 이후 주문량이 늘어날 수 있다고 기대하기 때문이다.

따라서 거래하는 과정에서 판매를 테스트해보기 위해 구매한다는 식으로 소극적인 태도를 보이면 안 된다. 더 큰 오더가 진행될 수도 있는 거래라든가 업체를 테스트해보는 목적에서 거래한다는 입장에서 말하고 행동해야 한다.

우리들의 목표는 가장 적은 수량을 싼 가격으로 구매하는 것이다. 그럴수록 경험이 많고 자본도 넉넉한 전문 바이어처럼 여유로운 마음가짐을 가지고 중국 상인들을 대해야 한다. 중국 상인들에게 구매 노하우가 풍부하고 계속 거래할 수 있는 전문 바이어처럼 보여야 저렴한 단가를 받을 수가 있다.

### 선택은 신중히, 행동은 거침없게

제품 선택은 신중하게 해야 한다. 이 제품이 과연 잘 팔릴 것인가? 품질은 좋은가? 품질 대비 가격은 적절한가? 한국에서 판매하기에 무리가 없는 제품인가? 이렇게 모든 경우의 수를 고려해야 하므로 제품을 선택할 때는 고민해야 한다. 물론 판매 경험이 많아서 어떤 제품이 잘 팔릴 것인지 아는 사람은 제품을 한 번만 훑어봐도 감이 오지만 처음 다루는 아이템일 경우 신중을 기해야 한다.

아무리 제품이 유행하고 있고 다른 나라 바이어도 주문을 많이 한 제품이라도, 당사자가 잘 팔 수 있는 제품은 따로 있고 판매가 되지 않았을 때의 리스크는 자신의 몫이기 때문에 신중히 선택해야 한다.

하지만 제품에 대해 신중하게 고민한 후 구입을 결정하면 거래 과정에서는 거침없이 행동하며 판매자와 흥정도 해가면서 발주하는 것이 좋다. 이러한 마음가짐과 태도를 보임으로써 거래 시 우위에 설 수 있으며, 내가 원하는 적정한 주문량과 단가를 요구할 수 있게 된다. 일종의 상인들 간의 기 싸움인 것이다.

보통은 사업이나 장사를 처음 시작하는 사람이 물건을 받는 공급처에게 돈을 지불하면서 물건을 사지만 거래 관계에서는 '을'의 입장이다. 공급받아야 할 물건의 수량이 적으면 판매하지 않는 도매상이나 공장도 많기 때문이다. 많은 사람들이 찾는 물건일수록 도매상이나 공장이 '갑'의 입장이 된다. "너 아니어도 물건을 살 사람은 많다"며 배짱을 튕기기도 한다. 하지만 어느 순간 구매량이 많아지고 고정 결제 금액도 커지면 갑과 을의 관계가 바뀐다.

물건이 잘못되어 환불을 요구해도 선금을 돌려받기 힘든 경우도 많다. 이렇게 중국 상인에게 당하지 않으려면 처음부터 강하게 마음 먹고 빅 바이어 행세를 해서 암묵적인 기 싸움에서 이겨야 한다.

그렇다고 거짓말을 하라는 것이 아니다. 다만 자신 있게 행동하고 말해야 중국 상인도 믿고 저렴한 단가를 내놓는다.

---

**Tip** 제품 가격 확인 시 중요 체크 포인트

1. 포장한 상태였을 때의 가격인지 확인한다.
    종이 박스나 비닐 포장이 꼭 되어야 하는 제품인데 나중에 발주하려고 보면 포장은 제외된 가격이라고 하면서 포장비를 추가로 요구하기도 한다. 추가 비용 청구는 중국 상인들의 전형적인 수법이다.

2. 샘플과 똑같이 만들었을 때의 가격인지 꼭 체크하라.

많은 업체들이 샘플은 좋고 화려한 제품으로 홍보하고, 실제 발주해서 제작되어 나온 제품은 샘플과 차이가 나는 경우가 많다. 샘플과 똑같이 만들어지는지 꼭 확인해야 하며, 샘플과 똑같은 경우에 적용되는 단가인지도 확인해야 한다.

3. Made in China가 표기되어 있는지 확인하라.

한국의 수입되기 위해서는 꼭 원산지 표기가 되어 있어야 한다. 중국 도매시장은 중국 내수 바이어들이 워낙 많기 때문에 제품 출고 시 원산지 표기가 안 되어 있는 경우가 많다. 출고된 후 원산지 표기를 원하면 추가 비용을 요구하기 때문에 미리 확인해서 원산지 표기가 되어 있는지, 원산지 표기가 포함되어 있는 단가인지 확인해야 한다.

4. 사이즈나 제품을 변경하는 경우 추가 비용을 체크하라.

제품을 주문 발주하게 되면 바이어의 요구에 제품 변경을 요구하게 되는데, 이때 많이 변경하는 것이 아니면 실제로 추가 비용이 들지 않는다. 제품을 발주하고 추가 변경되는 건마다 추가 비용을 요구하는 것이 중국 상인들의 수법이다. 최초 가격을 체크할 때 컬러 등의 기본 변경이 가능한지, 변경될 경우 가격이 추가되는지 여부를 반드시 확인해야 한다.

## 04 _ 시장에서 통하는 중국어는 따로 있다

도매시장 혹은 공장에서 사용되는 중국어를 정리해보았다. 중국어는 성조에 따라서 발음이 차이나기 때문에 한국어로 발음을 적지 않았다. 어설픈 중국어 발음을 외우는 것보다는 아래 내용을 메모하거나 복사해서 상인들에게 보여주는 편이 빠르고 정확하다.

**Tip** 시장통 중국어

안녕하세요.
你好
nǐhǎo

한 박스에 몇 개가 들어 있습니까?
这商品每箱中有几个?
zhè shāngpǐn měi xiāng zhōng yǒu jǐgè?

박스 사이즈는 어떻게 되나요?
箱子的规格多少?
xiāngzi de guīgé duōshǎ?

지금 재고가 있나요?
现在有没有库存?
xiànzài yǒu méiyǒu kùcún?

제품 카탈로그가 있나요?
有没有画册?
yǒu méiyǒu huàcè?

제가 만약 1200개를 사려고 한다면 가격은 어떻게 되나요?
如果我要买1200个, 批发价格多少钱?
ruoguo wo yao mai yi qian liang bai ge, pīfā jiàgé duōshǎo qián?

최소 발주량은 몇 개인가요?
这个商品的起订量是多少个呢？
zhège shāngpǐn de qǐdìngliàng shì duōshǐo gè ne

도매 가격은 얼마인가요?
拿货价格多少钱呢？
ná huò jiàgé duōshǎo qián ne

제가 원하는 디자인으로 상품의 모양을 변경해서 제작할 수 있을까요?
可不可以按照我的需求, 更改产品款式, 来给我制作呢？
kěbùkěyǐ ànzhào wǒde xūqiú, gēnggǎi chǎnpǐn kuǎnshì, láigěiwǒ zhìzuò ne

제품의 생산납기 기간은 얼마나 걸릴까요?
产品工期要多久呢?
Chǎnpǐn gōngqī yào duōjiǔ ne

샘플을 구매할 수 있나요?
这个商品的样品我可以买吗?
zhège shāngpǐn de yàngpǐn wǒ kěyǐ mǎi ma?

제가 이것을 사진으로 찍어도 될까요?
我可以拍这个吗?
wǒ kěyǐ pāi zhège ma?

명함 한 장 주세요.
请你给我一张名片好吗?
qǐng nǐ gěi wǒ yìzhāng míngpiàn hǎo ma?

먼저 샘플로 조금 사보고 앞으로도 계속 주문하겠습니다.
我先买点样品然后继续订货
wǒ xiān mǎidiǎn yàngpǐn ránhòu jìxù dìnghuò

## 05 _ 끈기 있게 매달려라

중국 시장에서 소량을 저렴하게 구입하려면 무엇보다도 끈기가 필요하다. 한국 사람들은 기본적으로 성미가 급하다. 맘에 드는 제품을 찾을 때도 그 어떤 나라 바이어보다 부지런하다. 빨리 돌아다니면서 더 많은 제품, 더 괜찮은 제품을 보려고 한다. 단가도 바로 문의하고 단가가 흡족하지 않으면 몇 번 싸게 해달라고 흥정을 시도하다가, 그래도 단가가 내려가지 않으면 화내거나 짜증을 내며 곧바로 다른 도매상으로 발길을 돌린다. 그래서 한국 사람들이 중국 상인들과 흥정할 때 단가를 제대로 받지 못한다.

중국 상인들은 느긋하다. 느긋하다 못해 장사할 마음이 없어 보일 만큼 답답한 중국 상인들 때문에 울화가 치밀 때가 한두 번이 아니다. 도매시장을 다니다 보면 손님들이 와도 본체만체하거나, 낮잠을 자거나, QQ라고 불리는 메신저 프로그램으로 채팅에만 열중하고 있는 상인들을 많이 보게 된다. 이들에게 가격을 물어보면 귀찮다는 듯이 성의 없게 대답하거나 아예 상대해주지 않는 경우도 있다. 처음엔 황당하기도 하고 화도 나서 '이 집 물건은 절대 안 산다' 싶지만, 이상하게도 그런 매장의 물건들이 괜찮았다. 나중에는 내가 아쉬워져서 주인을 붙잡고 농담도 해가며 비위를 맞추기도 했다. 친해지고 나서 그 이유를 물어보니, "물건을 살 사람은 정해져 있다"고 대답했다. 수많은 사람들이 가격을 문의하지만, 결국 그중에 살 사람들은 소수이기 때문에 모든 사람에게 친절할 필요는 없다는 것이다.

제품에 자신이 있기 때문에 손님들에게 굳이 친절하게 대하지 않더라도 구매할 사람은 있다고 배짱을 부리는 것이다. 이런 업체라면 더 자주 방문해야 한다. 이 업체의 제품이 사고 싶다면 행동으로 보여줘야 하는 것이다. 한 번 방문해서 가격을 문의하는 데 그치는 것이 아니라, 오전에 갔다면 오후에 한 번 더 방문하거나 다음 날, 그다음 날에도 방문해서 심각하게 제품 구매를 고려하는 모습을 보여줘야 한다. 이렇게 여러 번 눈도장을 찍으면 업체 주인도 '아! 이 사람은 정말 제품을 살 바이어구나' 하고 생각하고 단가도 잘 주고 친절하게 대해준다. 중국 상인들은 우리나라 사람들처럼 빨리 결론을 내리고 판단하는 것이 아니라 사람을 오랫동안 살펴본다.

가격 협상도 마찬가지다. 한국 사람들은 빨리 단가를 깎고 빨리 주문을 하고 빨리 제품을 받아 보고 싶어 한다. 하지만 중국 사람들은 느리다. 단가를 깎아줘도 천천히 느긋하게 시간을 끈다. 제품 생산이나 샘플 제작도 느려서 협상하다 보면 한국 사람들이 먼저 손을 들고 항복한다. 단가 협상도 좀 더 진행하면 좋은 가격을 받을 수 있는데 오래 협상하는 데 익숙지 않아 가격이 좀 높아도 어느 정도 적당하다고 판단되면 발주를 넣고 만다.

그래서 좋은 가격을 받기 위해서는 끈기가 필요하다. 홀대를 당하더라도 끈기 있게 여러 번 찾아가서 제품의 가격이 비싸다고 논리적으로 설명하고, 좀 더 저렴하게 단가를 협상해준다면 발주 진행을 할 수 있다는 의지를 비춰야 한다. 이렇게 진지하게 접근하면 중국 상인들로부터 신뢰를 얻게 되어 중국 현지인보다도 낮은 단가를 받아낼 수 있다.

## 06 _ 사장을 찾아라

매장에서 손님을 대하는 사람은 젊은 여성 직원인 경우가 많다. 대개 사장은 책상에 앉아서 장부를 정리하거나 컴퓨터를 하고 있다. 제품이 맘에 들어서 단가를 흥정하고 싶다면 꼭 사장을 찾아서 이야기해야 한다. 사장이 누구인지 잘 모르겠으면 누군지 물어보고 단가를 문의하는 게 좋다.

일반적으로 도매시장에서 일하는 직원들은 판매 대금의 일부를 월급 외 수당으로 받는다. 그런데 직원은 단가 결정 권한이 없다. 많은 양을 주문한다고 해도 정해진 할인 기준 이상 가격을 내릴 수 없기 때문에 많이 판매하기보다는 얼마나 비싸게 파느냐에 초점을 맞춘다.

하지만 사장은 가능한 한 많은 수량을 판매하려 하고 무엇보다 단가를

> **Tip** 중국도매시장 용어

| | | |
|---|---|---|
| 블랙/검정 黑色 | 신발 鞋子 | 선글라스 太阳镜 |
| 화이트/백색/흰색 白色 | 청바지 牛仔裤 | 팔찌 手链 |
| 레드/빨강 红色 | 머플러/목도리 围巾 | 발찌 脚链 |
| 살구색 杏色 | 레깅스 打底裤 | 반지 戒指 |
| 베이지색 米色 | 스타킹 丝袜 | 귀걸이 耳环 |
| 옐로우/노랑색 黄色 | 티셔츠 T恤 | 목걸이 项链 |
| 그레이/회색 灰色 | 상의 上衣 | 펜던트 垂饰 |
| 실버/은색 银色 | 하의 下衣 | 정장 西装 |
| 퍼플/자주/보라색 紫色 | 아우터 外套 | 캐주얼 休闲服 |
| 블루/파랑색 蓝色 | 원피스 连衣裙 | 코트 大衣 |
| 카키색 卡其色 | 스커트/치마 裙子 | 스웨터 毛衣 |
| 골드/금색 金色 | 바지 裤子 | 스키니진 紧身裤牛仔 |
| 무지개색 彩虹色 | 핸드백 包包女 | 베스트/조끼 马夹 |
| 브라운/갈색 棕色 | 백팩 背包 | 양말 袜子 |
| 그린/녹색 绿色 | 세트 套装 | 지갑 钱包 |
| 코튼/면 棉 | 여성셔츠/블라우스 雪纺衫 | 트레이닝복 运动服 |
| 캐시미어 羊绒 | 카디건 针织衫 | 긴팔 长袖 |
| 울/양털 羊毛 | 스카프 丝巾 | 반팔 短袖 |
| 니트 针织 | 벨트 腰带 | 모자 帽子 |
| 고무밴딩 橡皮 | 장갑 手套 | 잠옷 睡衣 |
| 나일론 尼龙 | 수영복 游泳服 | 코르셋 紧腰衣 |
| 폴라폴리스 绒棉 | 속옷 内衣 | 멜빵 背带 |
| 합성피혁 合成皮革 | 민소매 吊带 | 액세서리 首饰 |
| 인조가죽 假皮 | 샌들 凉鞋 | 손목시계 手表 |
| 천연가죽 真皮 | 슬리퍼 拖鞋 | |

임의대로 정할 수 있기 때문에, 사장에게 가격을 협상하면 사장도 바이어를 보고 판단해서 가격을 내려준다.

## 07 _ 명함 만들기

아직 사업을 시작하지 않았거나 인터넷 판매만 하는 경우라면 명함 없이 중국에 방문해도 괜찮겠지만, 시장을 경험해보고 단가만 조사하는 단순 시장조사라 하더라도 간단하게 명함을 만드는 것이 좋다. 일단 도매시장에서도 명함이 있으면 개인 구매자가 아니라 회사라는 느낌을 주기 때문에 단가를 좀 더 유리하게 받을 수 있으며, 제품 사진과 단가 등을 메일로 주고받을 수 있고, 신제품에 관한 정보도 받을 수 있기 때문에 여러 가지로 유리한 점이 있다.

중국 거래처 상인들을 위해서 중문으로 된 명함이면 좋겠지만 꼭 중국어일 필요는 없다. 영어나 한국어로 된 명함이라도 이메일 주소만 정확이 적혀 있으면 된다. 어차피 중국 상인들이 한국어를 모르기 때문에 사업자등록증이 없더라도 회사 이름을 한국어로 임시로 만들고 팩스 번호도 필요 없이 이메일 주소와 핸드폰 주소가 들어간 명함이라도 괜찮다.

명함 만드는 곳에서 1만 원 정도면 즉석 명함을 만들 수도 있고, 기본 디자인은 인쇄소에 있기 때문에 2~3만 원이면 예쁜 명함도 만들 수 있다. 한번은 필자가 운영하는 이우 시장 조사단에 젊은 대학생 친구가 함께 한 적이 있었는데, 자신의 핸드폰과 집 전화번호를 회사 번호처럼 써 넣고, 팩스는 무료 인터넷 팩스 번호를 넣고, 메일 주소만 들어간 명함을 제작해서 활용하는 것을 보았다. 도매 상가에는 영어를 하는 직원들도 있기 때문에 간단한 영어로 직접 발주를 진행해서 무역 대행 업체나 운송업체를 통하지도 않고 직접 제품을 받았다. 이렇듯 명함이 필수는 아니지만 여러모로 잘 활용할 수 있다.

## 08 _ 중국 메신저 서비스 가입하기

한국의 카카오톡이나 카카오스토리, 라인, 밴드와 같은 소셜 메신저 서비스가 중국에도 있다. 가장 많이 이용하는 것이 QQ메신저와 위챗wechat이다. 중국 거래처나 도매상 또는 개인에게 명함을 받으면 대부분의 명함에 QQ아이디나 위챗 아이디가 적혀 있다. 요즘 한국에서 카카오톡 PC 버전을 업무용으로 많이 사용하듯이 중국에서도 업무용으로 QQ메신저 PC 버전을 다운받아서 많이 사용한다. 그렇기 때문에 중국에 가기 전에 이와 같은 메신저를 핸드폰에 다운받고 업체들에게 자신의 아이디를 알려주면 제품 단가표나 제품 사진 등을 훨씬 손쉽게 받을 수 있다.

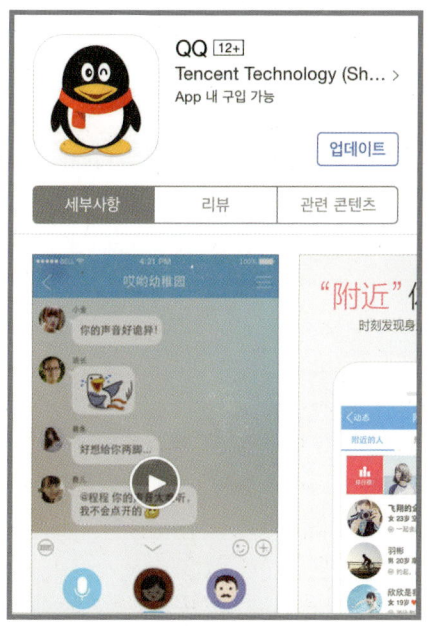
> QQ 메신저

> Wechat 메신저

### Special 낮잠 자는 중국 상인들

시장을 다니다 보면 눈에 띄는 풍경이 있는데 바로 낮잠을 자는 중국 상인들이다. 한창 손님으로 붐비는 시간인데도 태평하게 낮잠을 자고 있는 상인들을 보면 웃음이 절로 나기도 한다.

낮잠은 중국인들의 문화다. 학업이나 업무의 효율성을 위해 초등학교 때부터 낮잠 자는 시간이 따로 있다고 한다. 그러나 손님이 와도 코까지 골며 잠만 자고 있는 상인들을 보면 기가 막힌다. 잠깐의 여유도 느낄 수 없이 각박하게 삶을 살아 온 한국인으로서는 중국인들의 여유가 부럽기도 하다.

# 4장
## 광저우 시장

## 01 _ 광저우 시장은?

광저우의 대표적인 품목은 의류, 가방, 신발 그리고 원단이다. 물론 이우 시장에도 의류, 가방, 신발 등의 도매시장이 있지만 품질과 디자인 면에서 광저우가 한참 앞선다. 국내 상인들에게는 그중에서도 의류가 유명하다.

중국의 대표적인 의류 생산 중심지는 산둥성과 광둥성이다. 이 중에서 산둥성의 의류 생산 중심지는 칭다오 옆에 있는 지묵시에 있고, 광둥성의 중심지는 광저우다.

칭다오 지묵 의류 도매시장은 주로 대량 주문을 통해 외국에 수출하고 있다. 반면 광저우는 대량 주문뿐만 아니라 소량 주문도 가능하기 때문에 지묵 의류 도매시장보다는 광저우 도매시장에서 물건을 가져오는 동대문 상인들이 많다.

광저우의 대표 도매시장 중 의류 시장으로는 스산항과 짠시루站西路 그리고 싸허沙河 시장이 있고 잡화 시장으로 이더루一德路에 있는 완링광장万菱广场 시장이 유명하다. 광저우 시장에서 가방으로 가장 유명한 시장은 꾸이화강桂花岗이다.

## 02 _ 광저우 주요 도매시장

| 시장 명칭 | 취급 품목 |
|---|---|
| 꾸이화강 桂花岗 | 가죽, PU 가방, 지갑, 벨트, 여행용 가방, 핸드백 도매시장 |
| 짠시루 站西路 | 의류, 신발, 시계, 잡화 도매시장 |
| 짠첸루 站前路 | 광저우의 대표적인 중고가 의류, 잡화 전문 도매시장 |
| 중산빠루 中山八路 | 광저우 최대 규모의 아동 의류 도매시장 |
| 리안광장 荔湾广场 | 진주, 액세서리, 안경 도매시장 |
| 쓰산항 十三行 | 중저가 의류 전문 도매 새벽 시장 |
| 이더루 一德路 | 문구, 완구 및 신발 전문 도매시장 |
| 타이캉루 泰康路 | 인테리어 용품 및 액세서리 잡화 도매시장<br>각종 철재 제품, 조명, 문, 손잡이, 전등 등 다양한 건축 자재 |
| 난안루 南岸路 | 건축 자재, 욕실, 주방 인테리어 재료 도매시장 |
| 중따 中大 | 광저우 최대 규모의 원단 및 부자재 도매시장 |
| 싸허 沙河 | 광저우에서 가장 저렴한 의류 도매시장<br>속옷, 수영복, 스타킹 등도 있으며 주로 중국 내수 전문 시장 |
| 광저우 용푸 국제 자동차 용품 시장 广州永福国际汽车用品城 | 중국에서 가장 큰 자동차 용품 시장<br>각종 튜닝 용품, 자동차 액세서리, 주변 기기 등을 판매 |

### 꾸이화강

꾸이화강 시장은 광저우 기차역에서 지하철 한 정거장 정도의 거리에 위치해 있는 가방과 피혁 원부자재 도매시장이다. 꾸이화강 시장에 가려면 택

❶ 바이윈피쥐청 정문
❷ 꾸이화강 가방도매시장 모습
❸ 꾸이화강 시장 내에 있는 신동하오 상가
❹ 꾸이화강 내에 있는 티엔홍(TianHong) 가방 도매 상가

시를 타고 지에팡베이루解放北路로 가면 된다. 가방 관련 도매 건물만 20여 개 이상이 밀집해 있으며 가죽 제품과 PU 제품 등 모든 가방을 볼 수 있다. 브랜드 제품의 디자인을 모방한 이미테이션도 많고, 자체 개발한 디자인 업체들도 많다.

중국 내수뿐만 아니라 홍콩, 선전 그리고 우리나라에 유통되는 대부분의 이미테이션 가방은 이곳에서 나온다고 보면 된다. 이미테이션 가방으로 가장 유명한 바이윈 쓰지에피쥐쭝신에서는 진품과 구분하기 힘들 만큼의 제품들도 판매한다.

각종 PU 및 가죽 가방, 파우치, 벨트 등을 판매하는 꾸이화강 시장은 가죽 가방의 경우는 한 개씩도 도매가로 사입이 가능하며, PU 제품의 경우도 다섯 개 이하가 최소 구매 수량인 매장이 많다.

## 짠시루

짠시루는 한국의 동대문 시장과 비슷하다고 보면 된다. 각종 브랜드에 납품하는 하청 공장의 정품 재고들을 판매했는데, 장사가 잘되자 그 브랜드의 이미테이션 제품 위주로 생산해서 도매하는 곳으로 유명해졌다.

  브랜드 제품의 로고나 디자인만 조금 바꿔서 생산하여 동대문은 물론 대만, 홍콩, 일본 등 아시아를 비롯해서 남미, 북미, 중동, 아프리카까지, 전 세계 상인들이 브랜드 이미테이션 제품을 사기 위해 몰려드는 곳이 바로 이곳이다.

  찐바오 복장성 상가는 남성복으로 유명하다. 브랜드 스타일들이 많고 트렌드 제품들이 많기 때문에 한국 바이어들도 많고 한국인들이 직접 운영하는 매장도 많다. 1층에서 3층까지는 청바지를 비롯한 남성복 도매 상가가

> 짠시루 시장 전경

> 찐바오 복장성(金宝服装城) 상가

많고 액세서리, 잡화 매장도 간간히 보인다. 4층에서 6층까지는 주로 주문을 받아 진행하는 사무실들이다. 티셔츠와 일반 정장 셔츠가 30~40위안, 바지와 청바지가 60~80위안 정도다.

후이메이 국제복장성은 짠시루에서 가장 뒤늦게 생긴 의류 센터이지만 3층에 한국성도 있고 전체적으로 한국 스타일의 디자인 여성 의류를 주로 판매하고 있어서 인기가 많은 곳이다. 지하 1층은 여성복, 남성복, 아동복을, 1층부터 4층까지는 주로 여성 캐주얼 의류를 판매하고 있고, 액세서리, 잡화 매장도 있다. 5층은 남성복 매장이 주로 있으며, 6층은 식당가인데 이곳에도 한식을 파는 식당이 많다.

짠시 복장성은 1호동과 2호동을 중심으로 패션 캐주얼 의류가 주류를 이루고 있다. 단가도 저렴한 편이고 품질도 뛰어나서 한국인을 비롯한 외

▶ 후이메이 국제복장성(汇美国际服装城)

▶ 짠시 복장성 2호동(站西服装城二号楼)

국 바이어들이 많이 찾는 곳이다.

찐바오 복장성 옆에 있는 찐카이롱뚜푸장쭝신凱榮都服裝中心 건물은 여성복 전문 캐주얼 디자인 시장으로 1층부터 3층까지 여성복만 판매하고 있다. 티셔츠 종류가 20~40위안, 원피스 종류가 120~150위안이다. 고급 여성 의류들이 많고 단가도 주변보다는 조금 비싼 편이어서 한국 바이어들이 많이 방문하는 상가는 아니다.

완퉁 복장 시장万通服装市场은 신완퉁 시장과 구완퉁 시장으로 나뉘어지는데, 신완퉁 시장은 힙합 패션 전문 시장으로 힙합 스타일의 의류와 모자 등의 잡화를 판매하고 있다. 그리고 구완퉁 시장은 일본풍 의류와 구제 의류를 판매한다. 힙합 스타일이 주류라서 그런지 흑인 바이어들을 쉽게 볼 수 있다.

**짠시루 시계 시장**

광저우에서 의류와 가방, 신발 다음으로 유명한 것은 시계다. 이우에도 시계 상가들이 많이 있지만 패션 시계 위주이거나 중국 브랜드 시계 위주다. 이우에 있는 시계 상인들의 대부분이 광저우 지역에서 넘어가서 이우에도 도매상을 차린 상가들이 많다. 짠시루에 있기 때문에 이곳 역시 브랜드 제품을 모방한 디자인이나 이미테이션 시계가 많다. 국내에서 유통되는 이미테이션 시계의 대부분이 이곳의 물건이다. 해외 바이어들도, 관광객도 많기 때문에 단가도 천차만별이다. 10위안부터 2000위안까지 다양하기 때문에 특히 바가지를 주의해야 하는 시장이다. 낱개로도 판매하고 도매로도 판매하지만, 흥정은 1층의 매장이 아니라 건물 위층에 있는 사무실에서 이

❶ 짠시 시계성(站西钟表城)
❷ 짠시 시계성 건물 위층 사무실 전경. 직원을 따라서 사무실로 올라가면 이미테이션 전문으로 파는 매장이 나오기도 한다.
❸ 짠시 시계성 1층 시계 매장 전경. 1층에 작은 매장들이 다닥다닥 붙어 있다. 바깥보다는 안쪽 매장이 더 저렴하다. 매대 안쪽에서 다양한 제품의 샘플이나 카탈로그를 보여주기도 한다.

루어진다.

 이미테이션 시계는 C급 제품이 100~400위안이고 B급이 400~800위안, A급이 800~2000위안 정도로 가격이 형성되어 있다.

 필자도 광저우 방문 초창기 때에는 재미로 구매해보기도 했으나, 구매한 지 한 달 만에 고장나거나 계속 손을 흔들어줘야 시계가 작동하고 손을 가만히 놔두면 멈춰버리는 시계도 있었다. 잘못 구입하면 돈만 아깝고 이미테이션 시계의 국내 반입은 불법이기 때문에 구경만 하고 사입은 하지 말자.

❶ 쥬롱 씨에예청(九龙鞋业城)
❷ 신하오판 가죽 원단 시장 1층은 주로 가죽, 2층은 PU, PVC 원단이 많다.
❸ 신하오판 원단 시장 뒤쪽 신발 도매시장

　쥬롱 씨에예청 상가는 전문 신발 상가이지만 구두 품목은 별로 없다. 대부분의 매장이 도매로만 구매할 수 있고 소매로 사면 가격이 비싼 편이다. 이곳 역시 짠시루에 있다 보니 이미테이션 제품이 많다. 나이키 운동화가 150~200위안이고 아디다스와 퓨마는 조금 더 저렴하다. 컨버스 제품은 50~80위안으로 가장 저렴한 편이다. 이곳도 주로 이미테이션 제품이 많기 때문에 구경으로 만족하는 것이 좋다.

❶ 짠첸루의 대표격인 바이마 시장
❷ 바이마 옆 티엔마(天马) 시장. 지하 1층은 액세서리 위주, 1~3층은 여성 의류, 4층은 남성 의류, 5층은 패션 잡화류 판매
❸ 바이마 맞은편에 있는 이마 의류 시장
❹ 바이마 왼편에 있는 푸리 의류 도매 시장(富骊外贸服装批发市场)

### 짠첸루 바이마 시장

바이마白马 시장은 한류 열풍으로 한국 디자인 의류가 유행처럼 번지고 있다. 가격은 스산항보다 비싸지만 품질이 더 좋다. 남성복, 여성복, 양복 세트, 면티, 내복, 등산복, 속옷 등 다양한 제품을 판매하며, 도소매는 물론이고 샘플 제작도 가능하다. 이곳은 매장별로 디자인이 특색 있고, 중소규모 브랜드 스타일의 제품이 많다.

매장별로 카탈로그를 발행하는 곳이 많기 때문에 중국 패션의 흐름을 알 수 있다. 한국인이 운영하고 있는 매장도 많다. 하루 종일 한국 음악만 나오는 곳은 한국인이 운영하고 있는 매장이거나 한국식 디자인을 판매하는 도매 상가다. 한국과 마찬가지로 손님이 많은 매장의 제품이 디자인도 괜찮고 가격도 흥정하기 쉽다.

### 중산빠루

우리나라에서 아동복은 남대문 아동복 상가가 유명하듯이, 광저우에서는 중산빠루 시장이 규모도 크며 유명한 시장이다. 남대문의 대부분 아동복 수입상들이 이곳에서 아동복을 수입하고 있다. 중국식 아동용 내복은 배변을 위해 아래 부분을 터놓는다. 하지만 다른 나라에서는 그렇지 않으므로 제품을 확인해야 한다. 이곳 시장 역시 구관과 신관이 있는데, 아무래도 구관이 가격도 저렴하고 디자인이 다양하다. 이곳 역시 저스티스나 카터스와 같은 아동 브랜드 이미테이션 제품이나 비슷한 디자인의 옷이 많다.

▶ 중산빠루 시장 정문

▶ 중산빠루 아동복 도매매장

> 리안광장 건물 외부 모습

> 리안광장 건물 내부 모습

## 리안광장

광저우에 위치한 액세서리 도매 상가 중에서 가장 크다. 지하 1층부터 6층까지 있는데, 지하 1층에서 지상 1층까지는 주로 자연원석과 진주(천연, 양식)를 판매하는 곳이 많다. 나머지 층에서는 금, 은제품과 도금 제품 등을 다양하게 판매하고 있다.

리안광장 주변에 선글라스, 안경과 옥 시장 등이 형성되어 있다.

## 스산항

광저우의 대표적인 의류 도매시장은 스산항 시장이다. 스산항 시장은 새벽 시장으로 오전 6시에 개장하여 오후 1시 정도면 영업이 종료된다. 물론 2~3시까지 영업하는 곳도 있지만 대부분의 매장들이 일찍 문을 닫는다.

국내 오픈마켓에서 저가로 판매되는 대부분의 제품이 스산항 시장에서 들어간다고 보면 된다. 단가는 바이마와 짠시루 의류 시장보다 조금 낮은 편이다. 제품 품질은 단가 대비 만족스러운 수준이다. 신쭝구어 복장성으

❶ 스산항 따스따이 빌딩 옆 노천 시장. 가격은 이곳이 더 저렴하다.
❷ 스산항에서 가장 유명한 신쭝구어 복장성(新中國服裝城). 외국인을 비롯해서 중국 상인들로 가장 많이 붐비는 건물이다. 1~9층까지가 메인 층, 그 위는 원도매 상가다.
❸ 홍비엔티엔 복장교역중심(紅遍天服裝交易中心). 지하 1~2층 여성복 위주 판매, 지상 1~2층 여성복 판매, 3층, 5층 티셔츠와 데님 위주 판매, 4층 니트 위주 판매, 6층 티셔츠 제품 위주 판매

로 불리는 따스따이 빌딩이 가장 유명하다. 이 빌딩은 1층부터 3층까지 소매 고객이 많기 때문에 붐비고 번잡하다. 지상 9층까지가 주로 도매 매장이며, 그 위로는 원도매 매장과 사무실이다. 컬러당 3~5개씩 소량 주문이 가능하지만, 중국 내수 사이즈로 제작되는 경우도 있기 때문에 사이즈를 꼭 확인해야 하며, 발주 시에는 원산지 표기를 꼭 달아달라고 해야 한다.

광저우에서는 한국 공장에서 의류 샘플 만드는 가격의 절반 이하 가격으로 제작 가능하다. 특히 임가공이 많이 들어가는 옷은 인건비 차이가 많이 나기 때문에 약 4분의 1이나 5분의 1 가격으로 제작할 수 있다.

이곳에서 국내 오픈마켓 의류 판매자들이 옷을 가장 많이 가져간다. 디자인도 한국에 맞는 옷들이 많고 한국인들이 운영하는 도매 매장도 많기 때문에, 한국식 디자인 의류를 중국 가격으로 살 수 있다.

### 이더루 완링광장 잡화 도매시장

완링광장은 광저우 이더루에 위치하여 있으며, 지하철 2호선 하이주광장 D2 출구로 나가면 나온다. 이더루 도매시장은 중국 근대 상업의 발원지라고 불릴 만큼 전통적으로 완구, 문구, 신발, 판촉 용품을 판매해왔다. 개항기 때 외국의 영향을 받아 중국과 유럽의 건축 양식이 혼재되어 있다. 대부분 직접 생산하고 제조해서 판매하는 가게들이 밀집되어 있어서 크고 작은 열두 개의 도매시장이 형성되어 있다. 이 중에서 이더루의 상징 격인 완링광장이 대표적인 건물이며 선두적인 역할을 하고 있다. 100만 가지 이상의 완구, 가구, 장식품, 사무실용 문구, 판촉물 등 다양한 상품들을 한꺼번에 볼 수 있는 곳이다.

▷ 이더루에 있는 완링광장 정문 모습

▷ 더보우 교역광장(德宝交易广场)

완링광장은 광저우에서 가장 유명한 생활 잡화 시장이다. 생활 잡화 시장의 메카인 이우보다 한발 빨리 디자인과 품질로 승부를 거는 곳이다. 지하부터 지상 8층까지 각종 잡화(액세서리, 가방, 모자, 인테리어 용품, 완구 등등)를 판매하고 있다.

완링광장 옆 더보우 교역광장 1층은 중국 전통 홍등과 홍빠오, 2~3층은 크리스마스 및 파티용품, 4층은 조화를 판매하며, 지하는 문구 도매 상가다.

### 타이캉루

이곳 역시 완링광장과 마찬가지로 판촉물, 잡화 시장이다. 스카프와 액세서리, 모자 등의 패션 잡화가 대부분이다. 완링광장보다 훨씬 저렴하다. 같은 제품이라도 1~10위안 정도는 저렴하니 잡화나 판촉물 수입을 생각한다면 꼭 가봐야 한다.

> 타이캉루 시장 건물 외부 모습

중국에서 길을 지나거나 시장을 돌아다니다 보면 쉽게 볼 수 있는 상가 이름 중에 ○○광창广场 또는 ○○쭝신中心이 많은데, 광창은 타운으로, 쭝신은 센터라고 해석하면 된다.

## 중따

광저우에 유명한 시장 가운데 하나가 중따 원단 도매시장이다. 중국 화남 지역에서 가장 큰 의류 원부자재 시장으로, 중따 시장을 중심으로 의류 봉제와 패션 산업이 크게 발전할 수 있었다. 전 세계 바이어들의 사랑과 관심을 받는 곳인 만큼 다양한 국적의 바이어를 만나볼 수 있다.

1층은 여성복 위주의 원단을 판매하며 2~3층은 부자재 상가들이 밀집되어 있다.

원단들과 부자재 기본 가격을 살펴보면 아래와 같다.

| 재료 | 가격 | 재료 | 가격 |
|---|---|---|---|
| Cotton | 15위안/m | Nylon 100% | 7위안/m |
| Silk | 22위안/m | Cotton twill span 20's | 19위안/m |
| 3cm 지퍼장식 | 0.8~2위안/pc | Cotton plain 40's | 14위안/m |
| 단면 스웨이드 | 10위안/m | Denim 20oz | 16위안/m |
| Cotton 레이스원단 | 30위안/m | Polyester 100% | 10위안/m |
| Silk 80% + Cotton 20% 혼방 | 23위안/m | Silk 80% + Linen 20% 혼방 | 18위안/m |

❶ 중따 루이팡 원단 시장(中大瑞纺布匹市场)
❷ 중따 쥬조우칭팡 광장
❸ 창지앙 원단 상가

### 싸허

가격으로만 놓고 보면 가장 비싼 곳은 짠첸루, 그다음은 짠시루, 스산항 시장, 마지막으로 가장 저렴한 싸허 시장이 있다. 싸허 시장에는 덤핑으로 나온 원단으로 제작한 옷들이 많기 때문에 다른 시장에 비해 몇 배 저렴하다. 재오더가 되지 않는 제품이 많기 때문에 꼭 재오더 여부를 확인하고 발주해야 한다. 대부분 품질이 좋지 않거나 실제 주문하면 샘플과는 다른 제품이 나오는 경우가 많기 때문에 여러 번 확인해야 한다. 하지만 이곳 시장에서 짠첸루, 짠시루, 스산항 시장에 납품하는 업체도 많기 때문에 발품을 판다면 진짜 원도매업체를 찾을 수 있다.

> 싸허 찐마 의류 도매 상가    > 완지아 의류 도매 광장(万佳服装批发广场)

　예전부터 안 좋은 품질 때문에 한국 사람들과 외국인 바이어에게 외면당하던 시장이었지만, 이곳의 상당 제품이 스산항 시장이나 짠시루 의류 시장으로 들어가서 그곳에서 다시 도매로 판매되는 것을 알게 된 일부 사람들만 이용한다. 워낙 시장 규모도 크고 대부분이 저가 제품을 판매하는 곳이기 때문에 스산항이나 짠시루에 납품하는 매장을 찾기가 쉽지 않다. 최소 1주일에서 2주일은 꼬박 발품을 팔면서 일일이 매장을 돌아다니며 양질의 제품을 찾아다녀야 할 정도로 규모가 크다.

## 광저우 용푸 국제 자동차 용품 시장

용푸루永福路에 위치한 대규모 자동차 관련 용품 시장이다. 중국에서도 가장 규모가 큰 자동차 용품 전문 도매시장으로 둘러보는 데만 며칠이 걸릴 정도로 지역이 하나의 큰 시장이라고 보면 된다. 광저우의 코리아타운인 웬징루远景路에서 택시로 약 30분 걸린다. 자동차에 관한 한 거의 모든 제품이 있다고 보면 된다.

> 용푸 국제 자동차 용품 시장(永富国际汽车用品广场)

> 리위엔 국제 자동차 용품 시장(利远广场国际汽车用品城)

## 03 _ 인터넷에 없는 광저우 도매시장 정보

### 광저우 따두스 신발성(广州大都市鞋城)

광저우에는 신발 도매시장도 여러 곳이 있다. 그중 일본으로 수출을 가장 많이 하는 곳이 따두스 신발성이다. 가격이 조금 비싼 편이지만 소량으로 구매할 수 있으며 또한 샘플 구매도 가능하다. 원하는 디자인을 제작하거

> 광저우 따두스 신발 도매시장

> 광저우 따두스 신발성 내부 전경

> 스얼궁 웨딩드레스 도매 시장

> 스얼궁 하오바이니엔(好百年) 결혼 용품 시장

나 기존 제품의 디자인을 변경하기를 원한다면 디자인당 약 150~300켤레를 주문하면 가능하다.

### 광저우 스얼궁 예식용품 시장(广州市二宫婚纱婚庆市场)

광저우에 있는 전문 결혼예식 용품 시장으로 웨딩드레스, 턱시도, 부케 등의 결혼식 용품을 판매하는 시장이다. 광저우 지하철 2호선 스얼궁市二宫역에 위치하고 있다.

### 신아시아 국제 전자제품성(新亚洲国际电子城)

광저우에서 디지털 가전제품과 핸드폰 관련 용품을 도매하는 시장은 난팡전자시장南方大厦이 대표적이다. 신아시아 국제 전자제품성은 난팡시장 바로 맞은편에 위치하고 있는 드론, 블루투스 스피커, 휴대폰 케이스, 휴대용 보조 배터리, 보호 필름, USB 용품 등 다양한 전자제품을 판매하는 시장이다. 참고로, 오전 10시에 오픈이긴 하지만 문을 열지 않은 매장이 많

> 신아시아 국제 전자제품성

> 신아시아 전자제품 도매시장 내부 전경

으니 여유 있게 찾아가는 것이 좋다.

### 난티엔 국제 호텔 용품 시장(南天国际酒店用品市场)

난티엔 국제 호텔용품 도매시장에는 주방용품, 호텔용품, 커피용품 등의 제품을 도매로 판매하는 곳이다. 스테인레스 제품과 사기 그릇, 접시, 컵 등의 제품이 다양하게 구비되어 있다.

> 난티엔 국제 호텔 용품 시장

> 난티엔 국제 호텔 용품 시장 내부 전경

> 관하이 편직청

> 관하이 원단 도매시장 내부 전경

## 관하이 편직청(冠海针织城)

관하이 원단 도매시장에는 다양한 종류의 의류 원단을 판매하고 있다. 폴리에스테르, 나일론, 니트, 메쉬, 린넨 등의 원단을 50~100야드 단위로 판매하고 있다.

## 스보청(饰博城)

1층과 2층에는 액세서리와 패션잡화, 3층에는 화장품과 미용도구를 판매

> 스보청시장

> 스보청시장 내부 전경

> 신지샤시 호텔 용품 시장         > 신지샤시 옆 싱추 호텔 용품 시장

하는 곳이다. 상인들의 왕래가 별로 없는 시장이지만 같은 제품이라고 했을 때 이더루 완링광장이나 타이캉루 잡화 시장보다 훨씬 저렴하게 구매가 가능하다.

### 신지샤시 호텔 용품 시장(信基沙溪酒店用品博览城)

광저우의 호텔 용품 시장 하면 흔히들 난티엔 시장을 말한다. 하지만 새로 생긴 신지샤시 시장도 규모가 크고 제품들도 아주 많다. 각종 그릇과 주방용품부터 인테리어와 호텔 용품 등의 모든 것이 이 시장에 있다고 보면 된다.

### 광저우 Best 아웃렛 매장

광저우에는 이곳을 비롯해서 몇 개의 아웃렛 매장이 있는데, 광저우에 있는 공장 중에서 디자인이 괜찮은 공장의 제품을 주로 진열해서 판매한다. 가격이 조금 비싸긴 하지만 제품의 품질이 좋기 때문에 소매로 구매한 후 공장

> 매장 외부 전경

> 매장 내부 전경

을 찾거나, 아니면 이곳의 샘플로 다른 공장에 제품 발주를 할 수 있다. 품질과 디자인이 좋은 중국 제품의 샘플 사입을 위해서는 아웃렛을 추천한다.

### 스취엔스메이 국제 장식 재료 시장(十全十美国际装饰城)

스취엔스메이는 중국 성어로 '모든 방면에 완전무결하여 나무랄 데가 없다'는 뜻을 가지고 있다. 이름과 같이 완전무결한 시장은 아니지만 가격만큼은 최고다. 문구와 공구, 고무 제품, 플라스틱, PVC, PU, FRP 등의 사출 제품이 주종을 이룬다. 신발 깔창, 박스용 테이프, 여러 종류의 끈, 스티로폼, 전선, 철망 등의 건축 부자재도 많다.

### 진푸 철물 도매시장(金富五金批发市场)

각종 철물, 소형 가전, 전자제품, 전기 공구, 건축 자재 등의 용품을 취급하는 시장이다. 이곳도 바이어들에게 잘 알려지지 않아서 단가도 낮고 품질도 괜찮다. 소량 구매도 가능하자면 도매가와 차이가 많이 나기 때문에 샘플을

❶ 스취엔스메이 국제 장식 재료 시장 정문
❷ 문구 도매 매장
❸ 플라스틱 용기 도매상
❹ 각종 철 부자재 도매상
❺ 각종 테이프, 끈, 원단 부자재 전문 도매상

❶ 진푸 철물 도매시장 정문
❷ 생활용 플라스틱 제품 판매 도매상
❸ 잉푸우진 가죽 자재 상가
❹ 수입 가죽 전문 도매상
❺ 이파 피혁 상가
❻ 메이보청

사더라도 여러 종류를 구입하여 도매가로 사는 것이 좋다.

### 잉푸우진 가죽 자재 상가(盈富五金皮料)

다양한 종류의 가죽 원단 상가다. 꾸이화강 시장 안쪽으로 계속 들어가면 나오는데, 일반적인 가죽 한 마당 40~48위안이다. 고급 수입산 가죽일 경우는 한 마당 140~200위안이다.

### 이파 피혁 상가(亿发皮革配件广场)

초기 피혁 시장으로 가죽 원단 시장 중에서 단가가 비교적 저렴하다. 각종 가죽 원단 재고를 확보하고 있으며 주변 다른 가죽 상가와 가죽 제품 공장들에 가죽을 납품하고 있다.

### 메이보청(美博城)

메이보청은 네일아트 용품, 마스크팩 등의 화장품, 샴푸, 린스, 가발, 속눈썹 등 미용 용품 도매시장이다. 지하 1층은 주로 가발 용품, 지상 1층은 화장품과 네일아트 용품, 2~3층은 미용 관련 기계를 주로 판매하고 있다.

### 화이 장식 재료 시장(华艺装饰材料市场)

광저우 시내에서 약 한 시간 정도 차량을 타고 이동하면 포산佛山이라는 곳이 나오는데, 이곳에도 도매시장이 있다. 이곳에 있는 화이 장식 재료 시장은 각종 인테리어 용품, 전등, 싱크대, 욕실 좌변기, 샤워기, 각종 인테리어용 목재, 시멘트, 벽지, 장판, 바닥 타일 등을 판매하는 도매시장이다.

### 광둥성 콰이지에 자동차 용품 시장(广东省快捷汽车配件市场)

이곳 역시 포산에 위치하고 있으며 각종 자동차 용품, 부품, 부자재, 튜닝 용품 등을 판매하는 시장이다. 한국인들에게 많이 알려져 있지 않지만, 가격이 저렴하고 품질이 좋다.

### 화난 철물 가전성(华南五金电器城)

포산 콰이지에 자동차 용품 시장에서 조금 더 내려가서 육교를 건너면

❶ 화이장식 재료 시장
❷ 바닥장판 전문 거리
❸ 욕실용품 전문 도매상
❹ 원목장식 제품 전문 도매상

화난 철물 가전성이 나온다. 모든 철물, 전기 용품, 전기 공구, 기계, 용접 제품, 중장비 기계, 문구, 부자재 등을 취급하고 있는 엄청 큰 규모의 시장이다.

### 지엔춘 아동복 도매시장(简村童装批发市场)

2012년에 포산에 새로 생긴 지엔춘 아동복성简村童装城은 기존 재래시장에서 현대화된 아동복 시장이다. 광저우 시내에 있는 중산빠루 시장보다는

❶ 광둥성 콰이지에 자동차 용품 시장 정문
❷ 자동차 정비 용품 전문 매장
❸ 화난 철물 가전성 정문
❹ 각종 공구 도매상

> 지엔춘 아동복 도매시장 정문

> 오우야따 아웃렛 외부 전경

규모가 작지만, 단가 면에서는 경쟁력이 있다.

### 오우야따 아웃렛(欧亚达家居)

스취엔스메이 국제 장식 재료 시장 맞은편에 있으며 Best 아웃렛처럼 다양한 인테리어 용품과 가정 용품을 판매한다. 품질이 검증된 상품만 판매하기 때문에 샘플이 품질 좋은 제품을 찾을 때 이용하면 좋다.

> 야오이 국제 차 도매시장 외부 전경

### 광저우 야오이 국제 차 도매시장(耀亿国际茶叶批发城)

광저우에서 가장 유명한 차 시장은 방촌 차 시장芳村茶业城이다. 하지만 야오이 국제 차 도매시장도 규모 면에서는 방촌 시장보다 작지만 보이차 등의 주요 차 단가는 저렴하다.

## 04 _ 광저우 시장조사 노하우

### 광저우 시장 찾아가는 방법

광저우 시장으로 가는 방법도 크게 두 가지가 있다. 광저우행 비행기를 타고 직접 가는 방법과 홍콩이나 선전을 통해서 들어가는 방법이 있다. 광저우로 직접 가는 비행기는 자주 없는 데다 요금도 비싼 편이다. 하지만 홍콩으로 가는 비행기 편은 여러 항공사에서 자주 운영하고 가격도 아주 저렴하다.

먼저 홍콩 공항에서 밖으로 나가자마자 오른쪽으로 가면 공항 버스Air Bus를 타는 곳이 있다. 그곳에서 A21번 버스를 타고 홍콩 흥험 기차역紅磡驛, 일명 쿠오룬역九龙站을 통해 기차를 타고 광저우동역广州东站으로 가는 방법이 있다. 홍콩으로 가는 방법이 비용 면에서 저렴하긴 하지만 홍콩 공항에서 기차역까지 버스 타고 이동하는 시간이 약 한 시간, 기차 타고 광저우동역까지 가는 시간이 두 시간 반 정도 걸린다. 표를 발권하고 대기하고, 탑승 수속하는 시간까지 합치면 약 4~5시간 정도가 더 소요된다. 그렇기 때문에 시간적인 면으로 보면 광저우 공항으로 가는 것이 유리하다. 하지만 광저우에 가기 전이나 한국으로 돌아오기 전에 홍콩을 둘러볼 수도 있기

> 공항 버스 티켓 판매처    > A21 버스

때문에 여행 목적에 따라서 방법을 선택하면 된다.

홍콩 공항에서 나와 좌측으로 가면 중국 본토로 가는 버스를 타는 곳이 있는데, 이곳에서 광저우로 가는 버스를 탈 수가 있다. 30분 간격으로 버스가 있으며, 가격은 홍콩달러로 250달러(환율 144원 기준으로 36000원 정도)다. 가격도 저렴하지 않은 데다가 국경선을 넘을 때 버스에서 내려서 출입국 신고를 받고 다시 버스에 올라타는 번거로움 때문에 초행길에는 추천하지 않는다.

또 홍콩에서 지하철을 타고 선전의 뤄후Luohu역까지 갔다가 버스나 기차를 타고 광저우까지 들어가는 방법도 있지만, 이 또한 여러 번 갈아타야 하고 중국어를 모르면 힘들다.

홍콩으로 가서 중국으로 들어가게 될 경우 좋은 점 중의 하나는 비자 발급을 하지 않고 바로 들어갈 수 있다는 것이다. 한국에서 비자 발급을 받으면 시간도 걸리고 단수 비자인 경우 4~5만 원 정도 들지만, 홍콩으로 들어가서 입국 수속을 통해 비자를 발급받으면 바로 발급이 가능하고 20달러

> 광저우 기차역

정도 든다.

   선전을 통해 광저우로 갈 수도 있다. 홍콩에서 광저우로 가는 길목에 선전이 있다고 보면 되는데, 기차로 약 한 시간 정도 걸린다. 하지만 선전으로 가는 비행기 편은 광저우와 마찬가지로 많지 않고 가격도 저렴하지 않다. 그렇기 때문에 비용을 절감하는 것이 목적이라면 추천하지 않는다. 선전 전자 시장과 광저우 시장을 같이 보고 싶은 경우에는 선전을 통해 들어가는 것도 좋다.

### 효과적인 시장조사 방법

매번 강조하지만 철저한 계획을 세워서 시장조사를 해야 한다. 시장 간 이동 거리가 상당히 오래 걸리고, 택시 잡기도 쉽지 않으며, 지하철역에서 멀리 떨어져 있는 시장들이 많기 때문에 계획을 잘 짜야 효율적으로 움직일 수 있다. 스산항에 있는 의류 시장은 새벽부터 문을 열고 오후 2~3시면 문을 닫기 때문에, 시장조사를 알차게 하려면 아침 일찍 스산항 시장을 둘러

▶꾸이화강 시장 앞에 있는 3륜 오토바이 운전자들

▶다른 곳으로 짐이나 사람을 운반하는 차량들

본 후 다른 시장에 가야 좀 더 많이 볼 수 있다. 광저우는 하루에 두 개 카테고리를 둘러본다는 생각으로 일정을 잡으면 좋다. 욕심을 부려서 여러 카테고리의 시장을 보려고 하다가는 이동하는 데 시간을 전부 허비할 수도 있다. 가까운 시장으로 이동할 때는 3륜 오토바이 등을 이용하면 간편하다. 위험하긴 하지만 차가 많이 막힐 때는 편리한 교통수단이다. 짐을 실을 수도 있고 가격은 흥정하기 나름이므로 탑승하기 전에 운전자에게 목적지를 말하고 얼마냐고 물어보면 된다.

또 시장 입구 근처에서 다른 시장의 이름을 크게 외치며 호객하는 사람들을 볼 수 있다. 이들은 다마스 같은 차량에 짐과 사람들을 가득 태우고 이동하곤 한다. 호객하는 사람과 운전자 간에 빠르게 연락을 주고받기 위해서 무전기를 사용하고, 불법이기 때문에 경찰 단속을 피하려 애쓴다. 가격은 가까운 시장이 5위안이고 먼 시장도 15~20위안 정도로 아주 저렴하다. 택시를 이용하면 거리별로 네 배 이상의 요금이 나오고 택시 잡기도 힘들기 때문에 자주 이용한다.

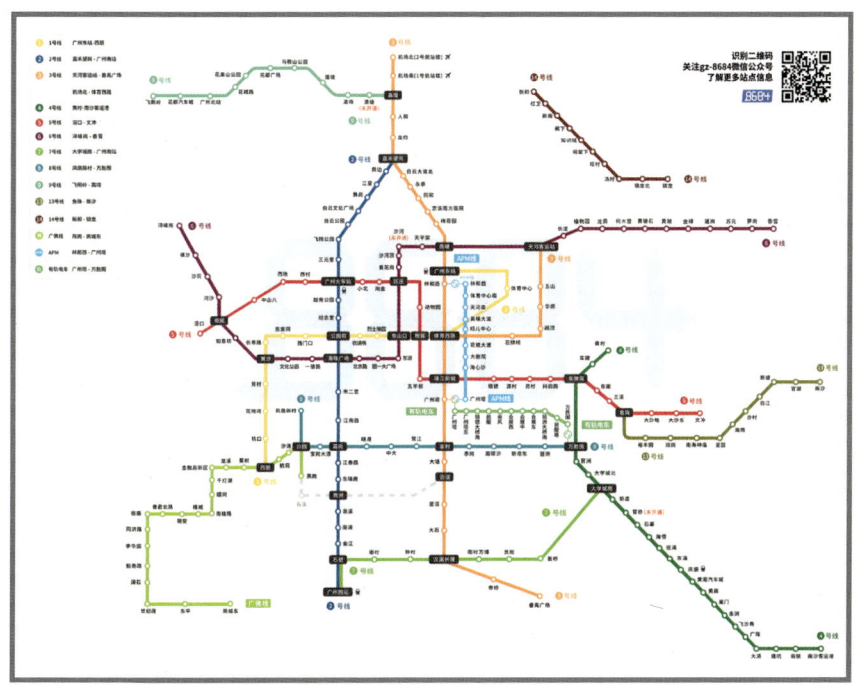

> 광저우 지하철 노선도(출처: img.8684.cn/intro/line/guangzhou.png)

---

**Tip** 역 주변의 시장

지하철 2호선 광저우역(广州火车站) : 바이마, 티엔마 등의 짠첸루 시장과 짠시루 시장이 있다.

지하철 2호선 싼위엔리역(三元里) : 꾸이화강과 원단 시장이 있다.

지하철 2호선 하이주광창역(海珠广场) : 완링 시장을 비롯한 이더루 시장이 있다.

지하철 8호선 중따역(中大) : 중따 원단 시장이 있다.

지하철 5호선 중산빠루역(中山八路) : 아동복 전문인 중산빠루 시장이 있다.

지하철 6호선 싸허역(沙河) : 저가 의류시장인 싸허 시장이 있다.

지하철 6호선 이더루역(一德路) : 완구와 잡화 시장인 국제 완구성(国际玩具城) 바로 옆에 있다.

한편, 광저우는 지하철이 잘 발달되어 있기 때문에 지하철로 이동하면 편리하다.

### 광저우 시장에서 다른 시장으로 가는 방법

이우에는 국제공항은 없지만 국내선 공항은 있다. 광저우 공항에서 이우로 바로 가는 국내선 비행기를 이용해도 되지만, 편도일 경우 한국 돈으로 30만 원이 넘는다.

광저우에서 이우로 가는 버스를 타면 약 24시간이 걸리고 비용은 340위안을 지불해야 한다. 하루 딱 한 번 오후 3시 30분에 광저우 기차역 옆 버스 터미널에서 출발한다. 기차의 경우 광저우 기차역에서 하루 네 번 떠난

&gt; 광저우시 버스 터미널. 바이마 시장 바로 맞은편이다.

다. 기차를 타면 약 열다섯 시간 정도 소요되는데 오후 기차를 타면 다음 날 오전에 도착할 수 있다. 의자 칸은 179위안, 침대 칸 317위안을 지불해야 한다.

참고로 광저우동역에서는 이우로 바로 가는 기차편이 없다. 그렇기 때문에 광저우에서 이우로 가려면 광저우역을 이용해야 한다.

광저우 기차역 육교 건너편에 있는 광저우시 버스 터미널에서 포산으로 가는 버스를 탈 수 있다. 터미널 2층 매표소에서 포산이라고 말하거나 종이에 적어서 보여주면 표를 준다. 요금은 14위안이고 3층 탑승구에서 버스를 타면 된다. 30분마다 버스가 있으며 도착까지 소요되는 시간은 약 한 시간 정도 걸린다.

# 5장
## 이우 시장

## 01 _ 이우 시장은?

이우에 있는 상인들은 흔히들 "이우에 없으면 세상 어디에도 없다"고 말한다. 광저우가 의류, 가방, 신발, 시계 등으로 유명하다면 이우 시장은 안경과 액세서리, 완구, 가방, 속옷, 양말, 소형 가전, 공구, 우산, 그릇 등 일상생활 용품의 천국이다. 중국에서 수출되는 일상 잡화와 완구의 70%가 이우에서 나오며, 전 세계 소상품의 30% 정도가 이우산이라고 보면 맞다. 이 정도면 이우에 없으면 세상 어디에도 없다는 말이 어느 정도는 옳은 것 같다.

광저우와 비교되는 이우의 최대 매력은 가격이다. 광저우 도매시장에서 구매한 샘플을 이우 도매시장에서 생산 견적 단가를 받아보면 20%에서 최대 50%까지 차이가 난다.

예를 들어 광저우에서 도매 단가 30위안이던 패션 가방을 이우 도매시장의 비슷한 제품을 취급하는 도매 상가 몇 군데에서 견적을 받아보니 18.5위안에서 27위안까지 받았다.

> 푸텐시장 2기

> 푸텐시장 1기

> 푸텐시장 4기 남쪽 정문

이우가 이렇게 가격이 싼 이유는 시와 저장성 정부의 전폭적인 지원 덕분이다. 개혁 개방 정책 이후로 저장성 정부는 이우시를 면세 지역으로 지정하고 18%에 달하는 부가세를 면세해주었다. 그리고 광저우와 달리 이우는 노동자의 임금이 저렴하다. 그래서 이우 도매시장은 다른 지역과 차별화되는 가격 경쟁력을 갖추게 되었고, 교통이 좋지 않은 이우시에 전 세계의 바이어들이 몰려들고 있다.

## 02 _ 이우 주요 도매시장

이우 시장의 가장 큰 특징은 시장이 품목별로 잘 정리되어 있다는 점이다. 도매시장 규모는 가장 크지만 광저우나 다른 시장과 다르게 품목당 구역과 층수가 정확하게 구분되어 있기 때문에 원하는 아이템을 찾거나 이동하기에 편리하다. 규모에 비해 시간을 가장 효율적으로 이용할 수 있기 때문에 중국 소싱 초보자들이나 여러 품목을 둘러보고 싶은 사람에게 적합하다.

푸텐 시장의 4기와 5기를 제외하곤 모두 A부터 H까지 품목별로 구역이 나뉘어 있다. 예를 들어 우비를 보고 싶으면 F구역 1층을 둘러보면 된다. 패션 시계를 보고 싶다면 G구역 3~4층을 보면 된다.

| 이우 도매시장 ||| 
|---|---|---|
| 시장 || 주요 품목 |
| 국제상무성 (푸텐 시장) | 1기<br>A, B, C, D, E 구역 | 1층: 조화, 완구 등 제품<br>2층: 패션 액세서리<br>3층: 액세서리 부자재<br>4층: 대만관과 중소기업 도매상 |
| | 2기<br>F, G구역 | 1층: 가방, 우산, 우의, 포리백, 쇼핑백 등<br>2층: 전기 제품, 금속 공구, 부품,<br>3층: 주방 용품, 소형 가전, 전기 통신 기계,<br>4층: 한상관, 홍콩관, 안휘관, 사천관, 가방, 시계 |
| | 3기<br>H구역 | 1층: 볼펜, 잉크, 종이 제품, 안경, 선글라스<br>2층: 문구, 사무실 비품, 체육 용품<br>3층: 화장품, 단추, 지퍼, 의류 부자재<br>4층: 문화 체육 용품, 단추, 지퍼, 의류 부자재 |
| | 4기 | 1층: 양말, 스타킹, 레깅스<br>2층: 생활 잡화, 모자, 장갑류<br>3층: 수건, 넥타이, 테이프, 신발<br>4층: 스카프, 벨트, 속옷 |
| | 5기 | 1층: 아프리카 수입 제품<br>2층: 침구 용품<br>3층: 니트웨어/원단<br>4층: 자동차(오토바이) 용품 |
| 중국소상품성(황위엔 시장)<br>中国小商品城篁园市场 || 1층: 바지, 청바지, 청재킷<br>2층: 남성 의류<br>3층: 여성 의류<br>4층: 운동복, 잠옷, 카디건<br>5층: 아동복 |

### 푸텐 시장

푸텐 시장에는 같은 제품을 파는 도매상이 여러 군데 있다. 예를 들어 토끼 장갑을 판매하는 곳은 총 15개 업체나 된다. 그런데 이 업체들이 판매하는 토끼 장갑의 가격이 전부 다르다. 가격뿐만 아니라 발주 가능한 최소 수량도 다르다. 이런 제품일 경우는 원도매를 찾아야 한다. 15개 업체 중 대부분 업체의 토끼 장갑 가격은 8.5~9위안이며 최소 발주량은 250개다. 이 업체들 중 원도매업체의 가격은 7.5위안이며 최소 발주량은 180개다. 같은 제품인데도 개당 1.5위안, 최소 발주량도 70개나 차이가 났다. 이렇게 단가 차이가 많이 나기 때문에 원도매를 찾아야 한다. 원도매는 외관상으로는 찾기가 힘들기 때문에 직접 매장을 돌아다니면서 가격을 물어서 확인하는 수밖에 없다.

푸텐 시장은 오전 9시부터 오후 5시까지 문을 여는데, 오전 10시나 11시에 문을 여는 업체들도 많다. 9시부터 기다려도 문을 열지 않은 업체들이 있어서 제대로 보기는 힘들다. 또 오후에 닫는 시간도 각기 다르다. 일찍 닫는 곳은 오후 3시면 셔터를 내리고 오후 4시부터는 많은 업체들이 문을

▶ 토끼 장갑 도매상

▶ 토끼 장갑 원도매

> 푸텐시장 D1-2101 스티커및색칠공부세트 도매매장    > 푸텐 시장 E1-2707 여름용 물총 판매 매장

 닫기 시작한다. 그렇기 때문에 제대로 시장을 둘러볼 수 있는 시간은 하루 여섯 시간 정도밖에 되지 않는다. 각 층별로 중앙 통로나 건물 뒤편에 식당들이 많이 있으니, 그곳에서 간단하게 식사를 해결하는 것이 좋다.

 이곳에는 같은 제품이나 비슷한 제품을 취급하는 매장이 많기 때문에 제품당 단가를 가장 낮게 부르는 곳이나 최소 발주량이 가장 적은 도매 매장을 되도록 빨리 찾아야 한다. 그러므로 한 매장에서 너무 오랜 시간을 낭비하면 안 된다. 들어가자마자 곧바로 관심 있는 제품의 단가를 물어본 후에 예상 단가보다 높으면 미련 없이 다른 매장을 찾아야 한다. 어떤 사람은 한 매장에서 이것저것 많이 물어보거나 꼼꼼히 제품을 살펴보는 경우가 있다. 그러나 우선 단가가 맞아야 한다.

 단가가 맞는지 안 맞는지 그 자리에서 확인하는 노하우가 있다. 어떤 제품의 도매 단가가 10위안이라고 했을 때 환율을 곱하고 1.3을 곱하면 대략 한국 인천항 도착가가 나온다. 환율이 180이라고 하면 $10 \times 180 \times 1.3 = 2340$원이 한국 도착가인 것이다. 1.3을 곱하는 이유는 해운비, 관세,

부가세 등 들어가는 비용을 대략적으로 구하기 위해서다. 그렇게 구한 값과 한국 인터넷 판매가나 도매가를 비교해보면 된다. 통상적으로 생활 잡화의 국내 유통 도매 단가는 중국 소싱 단가의 2배 정도다. 반값으로 중국에서 들여오면 잘될 것 같지만 초보자는 재고 부담 때문에 그 이하로 들여와야 한다. 즉 국내 도매가 4000원인 제품은 7위안 이하로 들여와야 타산을 맞출 수 있다. 이렇게 빨리 판단을 내리기 위해서는 원하는 품목의 단가 조사가 선행되어야 한다.

### 황위엔 시장(篁园市场)

의류가 주품목은 아니지만 그렇다고 의류 시장이 아예 없는 것은 아니다. 예전에는 소상품성이라 불리며 생활 잡화를 판매하던 건물이 리뉴얼되면서 의류 전문 시장으로 탈바꿈했다. 의류의 품질이나 가격은 광저우보다 좋지 않지만, 소량 구매가 가능하기 때문에 부담 없이 사입할 수 있다. 니트와 레깅스 제품은 광저우보다 가격이 저렴하다.

## 03 _ 인터넷에 없는 이우 도매시장 정보

### 이우 자동차 용품 도매시장(义乌汽车用品专业街)

이우 자동차 용품 도매시장의 몇몇 업체들은 푸텐 시장 5기 자동차 용품 시장으로 옮겨 갔지만 아직도 상당수의 매장이 남아 있다. 자동차 튜닝 용품, 타이어, 수리 용품, 의자 시트, 알루미늄 휠, HID 헤드라이트 램프 등을 아주 저렴하게 구매할 수 있다.

> 이우 자동차 용품 도매시장

### 라리엔쮸안예지에(拉链专业街)

푸텐 시장에서 택시로 약 10분 거리에 있는 원단 전문 시장이다. 각종 원단 뿐만 아니라 원단 관련 부자재 전문 시장이다. 꿍런베이루工人北路와 삔왕루 宾王路가 만나는 지점에 위치해 있으며 따로 시장 이름이 있는 것이 아니라 원단 전문 상가들이 모여서 원단 전문 거리를 형성하고 있다.

그리 큰 규모는 아니지만 기본적인 원단이나 부자재는 보유하고 있다.

> 라리엔쮸안예지에(拉链专业街)

> 지퍼 원단 전문 도매상

> 용썽 종이 시장    > 종이 절단 전문 도매상

### 용썽 종이 시장(永胜纸品市场)

푸텐 시장에서 남쪽 방향으로 택시로 10분 거리에 위치한 이우메이후 컨벤시아义乌梅湖会展中心와 체육관 뒤쪽에 있는 종이 용품 전문 시장이다.

### 재고 시장(库存市场)

이우에 있는 땡처리 시장이다. 이곳 역시 푸텐 시장에서 남쪽 방향으로 택시로 10분 거리에 위치한 이우메이후 컨벤시아와 체육관 바로 옆에 있는 재고 용품 전문 시장이다. 이 시장은 이름 그대로 재고 용품만 취급한다. 도매시장이나 공장 등지에서 판매하고 남은 재고나 추가 생산된 제품들을 판매하는 곳으로, 똑같은 제품이라도 이우 푸텐 도매시장보다 20~50% 저렴하다. 저렴한 가격 때문에 중동이나 아프리카 바이어들이 많이 찾는 곳이기도 하다.

매장별로 특정 품목을 판매하는 것이 아니라 다양한 재고 용품을 전부 취급하기 때문에 매장을 다 둘러봐야 숨은 보석을 발견할 수 있다. 때때로 유명 브랜드나 품질이 좋은 제품들이 오더 진행이 제대로 되지 않아서 재

>재고시장

고 시장에 나오는 경우에는 아주 저렴한 가격에 사입할 수 있다. 하지만 대부분의 제품은 말 그대로 재고라서 보관 상태에 따라 제품을 사용하거나 판매할 수 없는 경우도 있기 때문에 꼼꼼하게 확인하는 것이 중요하다.

  품질이 양호한 가방들도 디자인당 100~1000개 정도씩 재고가 있다. 하지만 추가 주문이 안 된다는 단점이 있기 때문에 장기적인 거래보다는 그때그때 괜찮은 제품들을 싸게 구매해서 할인 행사나 프로모션 제품으로 판매하기에 좋다.

  파우치나 가방 전문 매장에서는 재오더가 되기 때문에 장기적으로도 판매하기 좋다. 신상품처럼 깨끗하고 디자인도 괜찮은 곳에서는 공장 재고만 판매하는 것이 아니라 재고 원단이나 시장에서 남는 원단을 이용해서 제품을 만들기 때문에 더 저렴하고 품질 좋은 제품들이 많다. 하지만 기존에 있는 재고 제품을 구매할 경우에는 꼭 제품을 확인해보고 구매해야 한다. 간혹 공장에서 납품 후 불량으로 반품 처리된 제품이나 불량 원단을 이용해서 만들어진 제품들이 판매되지 못하고 재고 시장으로 유입된 경우가 있기 때문에 꼼꼼하게 확인한다.

### 이우 우즈 시장(义乌物资市场)

푸텐 시장에서 택시로 약 20분 거리에 있는 시청베이루西城北路에 있는 건축 자재 시장이다. 건축용 바닥 장식재, 내외장재, 단열재, 싱크대, 화장실 세면기, 변기 등 다양한 용품들이 많다.

### 이우 장식 용품 시장(义乌装饰城)

이우 우즈 시장 건너편에 있는 장식 용품 시장으로 전등, 샹들리에, 인테리어 용품 등이 있다.

### 스치아토우 장식 재료 전문 시장(石桥头装饰材料专业街)

스치아토우 장식 재료 전문 시장은 벽지, 장판, 싱크대, 바닥재 등 건물 내장 장식용 자재용품을 전문적으로 취급하는 시장이다.

> 이우 우즈 시장 정문

> 이우 장식 용품 시장 입구

> 스치아토우 장식 재료 전문 시장 전경     > 스치아토우 장식 재료 전문 시장 입구

### 이우부 식품 시장(义乌副食品市场)

푸텐 시장에서 택시로 약 25분 거리에 위치에 있는 생활 용품 도매시장이다. 일반적으로 농마오청农贸城이라고 불리는 생활 용품 도매시장으로 1~3층으로 구성되어 있다. 정식 명칭은 이우푸스핀스창义乌副食品市场이다.

　1층은 주로 생활 용품 도매 상가이고, 2층과 3층은 건강 식품, 차, 음료수, 지방 특산품 등을 도매하고 있다.

> 농마오청 건물 전경     > 농마오청 내부 전경

1층은 화장지, 완구, 문구, 생활 용품, 청소 용품, 속옷, 생활 전기 용품, 신발, 세제, 등을 주로 도매 판매를 하고 있다. 소매 판매도 하지만 가격을 흥정해야 한다.

2~3층은 중국 지방 특산품이나 술, 음료, 차, 약재, 꿀, 버섯 등 먹는 제품이 많다.

### 농마오청 야채 도매시장(农贸城蔬菜批发市场)

이우푸 식품 시장 바로 맞은편에 있는 농수산물 도매시장이다. 일반적으로 이우는 푸톈 시장을 중심한 생활 잡화나 소상품이 유명하지만, 이처럼 농수산물 시장도 있다. 오래된 건물 안쪽에 형성되어 있어서 굉장히 어둡고 지저분하지만, 상인들과 손님들이 넘쳐나 언제나 활기가 넘치는 시장이다. 칭다오에 있는 청양 농수산물 시장보다 저렴하다. 수산물은 보관 등의 문제로 구매하기 힘들지만, 잡곡이나 깨, 고춧가루, 잣, 견과류 등은 괜찮다.

> 농마오청 야채 도매시장 정문

> 농마오청 야채 도매시장 내부 모습

> 이우 디지털 시장 정문                    > 이우 디지털 시장 1동

### 이우 디지털 시장(义乌数码城)

푸텐 시장에서 택시로 10분도 안 되는 거리에 위치에 있는 각종 전자 제품 기기 도매시장이다. 카메라 용품, 컴퓨터 주변 기기, 전자 제품 액세서리를 판매하고 있으며, 도·소매이지만 시장 규모가 그리 크지 않아서 소매 손님이 많다.

### 동양 중국 목조성(东阳中国木雕城)

이우 시내에서 택시를 타고 약 40분 거리에 있는 저장성 최대 규모의 원목 제품 상가다.

1층부터 4층까지 구성되어 있으며 목재 가구, 장식품, 도장, 인테리어 용품 등 모든 원목 용품 등을 만날 수 있다. 이우 푸텐 시장에는 목재 용품 상가가 별로 없는데, 이곳은 푸텐 시장 1기만큼 큰 규모의 상가로 목재 제품만 취급한다.

›동양 중국 목조성 정문    ›동양 중국 목조성 내부 모습

## 04_ 이우 시장조사 노하우

### 이우 시장 찾아가는 방법

이우 시장으로 가는 방법은 크게 두 가지로, 상하이에서 들어가는 방법과 항주에서 이우로 들어가는 방법이 있다. 거리상으로 항주가 가깝기는 하지만, 상하이에서 고속 기차로 가면 걸리는 시간이 비슷하다.

### 항주에서 가는 방법

한국에서 항주로 가는 비행기를 타고 항주 공항에서 내린 후 이우로 가는 버스를 타면 된다. 차량을 이용하면 300~400위안이 소요된다. 시간은 항주 공항에서 이우 푸텐 시장까지 2~3시간 정도 걸린다.

### 상하이에서 가는 방법

상하이에는 홍차오 공항과 푸동 공항이 있다. 상하이까지의 비행기 값은

> 지하철 10호선 역 입구    > 홍차오 기차역 탑승장은 지상 2층

푸동 공항으로 가는 비행기 편이 조금 저렴하지만 푸동 공항에서 이우로 들어가기가 조금 힘들다. 상하이 푸동 공항에서 장거리 버스를 이용하게 되면 약 다섯 시간이 소요되며 요금은 180위안이다. 버스 시간은 하루에 두 번(11시 30분과 17시 40분)만 운행하기 때문에 시간을 맞추지 못하면 오랜 시간을 기다려야 한다. 예전에는 푸동 공항에서 가까운 상하이남역으로 가서 이우행 기차를 탔는데, 지금은 상하이남역에서 이우로 바로 가는 뚱처(动车, 특급 열차)가 없기 때문에 되도록이면 상하이 홍차오 공항으로 가는 비행기 편을 타는 것이 좋다.

홍차오 공항에서 가려면 공항에서 내려 홍차오 기차역에서 이우로 가는 빠른 기차를 타면 된다. 홍차오 공항 터미널 1에서 공항 밖으로 나온 후 맥도날드 방향으로 향한다. 우측으로 꺾어지면 10호선 지하철 타는 곳이 나온다. 지하철역으로 내려가서 홍차오 기차역까지 가는 지하철 표를 발권하고 두 정거장만 가면 홍차오 기차역이다. 표를 살 때는 영문으로 설정하고 홍차오 기차역을 누르고 인원 수를 설정하면 편하다.

> 기차표 매표소

> 이우 기차역

홍차오 기차역에 도착해서는 C출구로 나가서 2층까지 올라가면 기차에 탑승하는 로비가 나온다. 이곳에서 매표소를 찾아 이우행 기차표를 끊고 기차에 탑승하면 된다.

### 효과적인 시장조사 방법

이우 시장은 광저우 시장과 다르게 마음만 먹으면 하루에도 전부 훑어볼 수 있다. 처음 하루에서 3일 동안은 전반적인 아이템 조사를 하고 어느 정도 품목이 정리되면 남은 일정 동안에 정해진 품목의 원도매를 찾거나 도매 거래처에서 최소 주문량과 최저 단가 협상에 신경 쓰는 것이 좋다.

또 도매 상가에 방문해서 단가를 물어볼 때마다 차이나기도 하고, 단가를 말해주는 사람이 사장인지 직원인지에 따라 달라지기 때문에 매번 단가를 기록해두었다가 최저 단가를 받아내도록 한다. 푸텐 시장이 워낙 넓고 매장의 생김새가 비슷비슷하므로 방향을 정확하게 정하고 둘러보는 것이 좋다. 가령 A구역의 1층이면 가장 끝에서 지그재그로 둘러보면서 내려오면

>구매 고객 추천 매장 표식   >信用上位(신용 우수 업체)

된다. 방향은 출입구 번호에 따라서 남쪽인지 북쪽인지 알 수 있는데, 출입구 번호가 짝수라면 남쪽, 홀수라면 북쪽 방향이다. 매장에 들어가서 단가를 체크하고 나올 때 자신이 어느 방향에서 왔는지, 어느 쪽으로 가야 하는지 헷갈릴 경우가 있는데, 33번 출구에서 35번 방향으로 가고 있었다면 길을 잃은 부분에서 가장 가까운 출구를 찾으면 된다. 이때 가장 가까운 출구가 30번이라면 32번 출구 쪽으로 가는 것이 원래 가던 방향이다.

또한 마지막으로 결정을 내려서 사입할 때에는 발주서를 작성하면서 꼼꼼하게 체크해야 하므로 생각보다 시간이 오래 걸린다. 이때 가야 할 매장들의 명함을 같은 구역과 같은 층, 매장 번호 순서대로 미리 정리해둔다면 시간을 절약할 수 있다.

### 우수 추천 매장

매장마다 매장의 위치가 적혀 있는 간판이 있는데 이 간판 옆에 '购物旅游推荐商位(바이어 추천 매장)'이라는 마크가 붙어 있는 매장이 있다. 이처럼

> 재고 보유 매장

'AAAA' 마크가 있는 매장은 푸텐 시장 상인연합회와 구매 여행객 관리 사무실에서 선정한 우수 매장으로, 적극 추천한다는 뜻이다. 이런 매장을 무조건 신뢰하기는 힘들지만, 어느 정도 신뢰할 만한 데이터를 바탕으로 정한 것이기 때문에 좀 더 안심하고 발주를 진행해도 무방하다. '信用上位'라는 마크까지 추가로 붙어 있으면 신용 거래 우수 업체이기 때문에 믿을 수 있는 업체라는 뜻이다.

위 사진과 같이 '庫存-STOCK'이라고 적혀 있는 매장은 현재 재고가 있기 때문에 소량 사입이 가능한 매장이다. 기본적으로 이우 도매시장 매장은 최소 수량이 광저우보다 많은 편인데, 이렇게 재고를 보유하고 있는 매장 위주로 다니면 샘플을 사입하기도 쉽고, 큰 부담 없이 현재 재고만 적당하게 구입할 수 있다. 또 이렇게 재고가 있는 제품은 기존 가격보다 저렴하게 측정되어 있기 때문에 저렴하게 사입 가능하다. 오더 진행을 하다가 추가로 만들어놓은 여유분을 판매하는 경우도 있지만 반품된 제품들을 판매하는 경우도 있기 때문에 제품을 꼼꼼하게 확인하고 사입해야 한다.

# 6장
## 칭다오 시장

## 01_ 칭다오 시장은?

중국의 나폴리라 불리며 수많은 관광객들을 불러 모으고 있는 이곳은 우리나라와 지리적으로 가까우면서 기후도 비슷하고 기업 환경도 좋아서 수많은 한국인이 거주하는 곳이다. 한국의 액세서리 업체들이 가장 많이 진출해 있으며, 가방, 신발, 청바지 공장들이 많다. 도매시장에서 가장 유명한 곳은 칭다오 시내에 위치한 지모루 짝퉁 전문 시장으로, 중한국제 소상품성으로 구성된 액세서리 부자재 시장과 지묵의 의류 시장도 잘 알려져 있다. 취급하려는 품목이 액세서리나 액세서리 부자재 종류라면 칭다오에서 소싱할 것을 추천한다. 의류는 일반적으로 광저우가 유명하고 실제로도 광저우로 많이 가지만, 광저우보다 가격 면에서 저렴하고 한국까지의 운임비가 가장 적게 든다. 나머지 생활 잡화나 농산물 같은 경우는 대량이 아니라면 칭다오 도매시장에서 조금씩 들여와서 제품을 테스트해보기에 적합하다. 여담으로 대부분의 사람들이 칭다오라면 칭다오맥주를 떠올릴 정도로 맥주로 유명한 곳이다. 칭다오 맥주 축제는 매년 8월 둘째 주 주말에 열리며, 16일 동안 진행된다.

## 02_ 칭다오 주요 도매시장

| 시장 | 취급 품목 |
|---|---|
| 지모루 시장<br>即墨路市场 | 양식 진주, 옥 세공품, 공예품, 가방, 액세서리, 신발, 의류, 벨트 등 |
| 청양 도매시장<br>城阳批发市场 | 농산물, 수산물, 의류, 야채, 문구, 부식, 자전거, 완구, 생활 용품 |
| 지묵 복장 시장<br>即墨服装市场 | 여성복, 남성복, 아동복, 스포츠 의류, 구두 |
| 중한국제 소상품성<br>中韩国际小商品城 | 액세서리 부자재 및 반제품 |
| 지묵 소상품성<br>即墨小商品城 | 잡화, 완구, 문구, 액세서리, 전자 제품, 공구, 일회용품, 가방, 모자 |

### 지모루 시장(即墨路市场)

칭다오 시내 중심에 위치한 지모루 시장은 오전 9시부터 오후 5시까지 영업한다. 칭다오 시내 기차역에서 가까우며 칭다오 류팅 공항에서는 자동차로 한 시간 정도 되는 거리에 있다. 칭다오 류팅 공항에서 택시를 타고 갈 경우는 택시비가 80위안 정도 나온다. 지상 1층은 돌체앤가바나, 롤렉스등 짝퉁 시계나 벨트, 양식 진주가 주를 이루고 있으며, 망원경, 완구, 액세서리, 의류 부자재 등도 판매하고 있다. 2층은 가방과 신발이 주를 이루는데, 프라다, 구찌, 페라가모, 루이비통 등 세계 명품의 가방, 지갑, 가죽, 열쇠고리 등을 판매하고 있으며, 신발도 명품 구두 및 유명 브랜드 짝퉁 운동화가 많다. 물론 중국 브랜드 제품도 판매하고 있다. 지하 1층은 의류가 많지만,

액세서리, 화장품, 네일아트 용품, 속옷, 양말 등의 소상품을 도·소매로 판매한다.

이곳에서 브랜드 이미테이션 제품의 시계는 부르는 게 값이다. 브랜드별로 가격의 차이는 있지만 일반적으로 처음에 280~480위안 정도를 부른다. 고급 브랜드의 시계는 650위안 이상의 가격을 부르기도 한다. 말도 안 되게 비싼 가격을 부르면 고개를 절레절레 흔들면 된다. 그리고 다른 곳으로 가려 하면 다시 붙잡으면서 계산기를 들이밀며 얼마 정도에 사기를 원하는지 직접 계산기에 입력해서 보여달라고 할 것이다. 처음부터 최대한 싸게 줄 수 있는 가격을 부르면 되는데 이런 식으로 구매자의 목표 금액에 맞춰서 최대한 이득을 취하려 한다.

이런 흥정에서 제일 좋은 방법은 무조건 말도 안 되는 가격을 계산기에 입력하는 것이다. 예를 들어 상대방이 400위안을 말했으면 50위안을 말하거나 계산기에 입력해서 보여주면 된다. 상인은 말도 안 된다는 표정을 짓거나 짜증을 내며 다시 말해보라고 한다. 이때 55위안이라고 말하면 상인은 답답하다는 듯이 300위안으로 깎을 것이다. 다시 손을 내저으면서 70위안을 말하면 상인은 250위안으로 낮춰 말할 것이다. 이렇게 옥신각신하다가 엄청 인심을 쓰는 듯 200위안을 찍어서 보여주며 이 이상은 안 된다고 말하면 90위안을 제시해보고 그냥 가는 시늉을 하면 된다. 상인이 다시 붙잡으면서 150위안을 제시할 것이다. 이때 다시 100위안이라고 말하고 다시 가는 척하면 130위안을 부르고, 다시 또 가려고 하면 120위안을 제시할 것이다. 처음 400위안 정도를 부른 제품의 가격 마지노선이 120위안 정도인 셈이다. 하지만 이것도 두 개 혹은 세 개를 산다고 더 싸게 달라고 하면

❶ 중국 전통 건물의 모습을 한 지모루 시장. 1층에는 양식 진주를 파는 매장이 많다. 이곳에서 양식 진주를 떼다가 파는 남대문 상인도 많다.
❷ 가장 짝퉁 제품이 많은 나이키 운동화. 겉모습은 비슷하지만 무게가 무겁거나 브랜드 로고가 약간 다른 제품이 많다.
❸ 각종 브랜드 짝퉁 가방. 품질이 좋은 제품은 정말 구분하기 힘들 정도로 정교하게 만들어진 제품들도 많다.

70~80위안까지 깎을 수 있다. 물론 절대적인 기준이 될 수는 없지만 대체적으로 처음 부르는 가격의 4분의 1에서 2분의 1 가격으로 사입하면 흥정을 잘한 셈이다.

그런데 같은 제품을 300위안 이상 주고 사는 일본인이나 한국인들도 많다. 또 어떤 사람들은 이렇게 흥정하는 것이 귀찮아서 적당한 가격에 사기도 한다. 이렇게 중국 상인과는 오랜 시간 공을 들여 흥정해야 원하는 가격에 구매할 수 있다.

칭다오 시내에 있는 소상품 시장은 지모루 시장뿐이다. 액세서리 도매시장이라기보다는 소매시장에 가깝다. 물론 도매로도 판매한다.

브랜드를 모방하거나 짝퉁 이미테이션 제품이 눈에 많이 띈다.

### 청양 도매시장(城阳批发市场)

칭다오 시내에서는 자동차로 한 시간 거리, 칭다오 류팅 공항에서는 자동차로 약 15분 거리에 있는 청양 도매시장이다. 이곳에는 채소 교역 도매시장과 수산품 도매 교역 시장이 함께 있다.

청양의 채소 교역 도매시장과 수산품 교역 도매시장은 중국 5대 농산품 도매시장 중 하나로, 산둥성 최대의 농산품 종합 시장이자 중국에서 손꼽히는 농수산품 시장이다. 지리적인 조건이 좋은 산둥성 중심의 칭다오에서 유통 산업이 발달한 것은 당연하다. 청양 도매시장도 교통 조건이 편리한 곳에 자리 잡고 있어서 산둥성 주변까지도 물건이 운반되며, 1일 출하량이 약 800톤 이상이라고 한다.

농산물 시장은 매일 새벽 2시부터 거래가 이루어진다. 꽃게, 오징어, 새

> 칭다오 채소 교역 도매시장 정문

> 잡곡류 위주로 파는 도매 매장

우, 바지락 등의 수산품은 유통 기간과 보관 문제 때문에 사입하기 어렵지만, 농산품 시장에 있는 고춧가루, 참깨, 들깨, 콩, 땅콩, 서리태, 잣, 참기름 등의 농산물은 칭다오 여행객들도 많이 사는 품목이다. 특히 참깨와 잣, 고춧가루, 참기름 등은 국내와 단가 차이가 많이 나기 때문에 보따리 상인들도 많이 들여온다.

식용 개미는 보통 30마리가 한 세트인데 열두 세트에 50위안 정도이며 홍삼 진액은 2$kg$에 120위안, 참깨는 2.5$kg$에 35~50위안, 잣은 최고 품질인 경우 500g에 70~80위안까지 하기도 한다. 아몬드는 500g에 30위안, 호두는 500g에 40위안이다. 참기름은 500g에 18위안으로, 5$kg$ 큰 통을 160위안 정도에 구매하면 흥정을 잘한 것이라고 보면 된다. 고춧가루는 최고급이 500g에 12위안, 검은콩은 1$kg$에 8위안 정도다. 가격도 매장별로 차이가 많아서 조금만 발품을 팔고 흥정한다면 훨씬 좋은 가격에 구매할 수도 있다.

### 지묵 의류 도매시장(即墨服装市场)

산둥성 최대 의류 도매시장인 지묵 의류 도매시장이다. 칭다오 시내에서는 자동차로 약 두 시간 거리에 있으며, 칭다오 류팅 공항에서는 한 시간 정도 걸리는 위치에 있다. 류팅 공항에서 택시를 타고 가면 70위안 정도가 든다.

A구역 1층은 남성복 전문이며, 바지와 셔츠를 판다. 2층은 고급 품질의 남성복 위주이며, 3층에는 디자이너 브랜드 제품의 매장이 많다. B, C구역 1층에는 청바지와 남성복, 여성복, 2층에는 브랜드 여성 바지 위주 제품이 있고, 3층에는 니트 의류와 잠옷이 주로 전시되어 있다. D구는 1층에 청바

> 지목 의류 도매시장

> 1층 신발 도매 매장들. 하지만 주로 소매로 거래

지와 여성복, 남성복, 2층에는 패션 여성복, 3층에는 내복과 속옷 그리고 수출용 전문 의류 등이 전시되어 있다. E구는 1층에서 스웨터 종류를 다루고, 2층에는 한국관(한국 스타일 제품)이 있으며, 3층에서는 아동복을 판매하고 있다.

이곳은 워낙 넓고 매장도 많기 때문에 꼼꼼하게 보려면 며칠은 걸린다. 의류의 도매 단가는 광저우에 비해 평균적으로 높은 편이지만, 흥정만 잘 한다면 좋은 가격의 제품을 소량으로도 사입할 수 있다.

### 중한국제 소상품성(中韩国际小商品城)

칭다오는 일찍부터 액세서리 공장들이 많았고 한국의 액세서리 공장들이 이전한 곳도 칭다오이기 때문에 액세서리 산업이 발달했다. 이를 배경으로 칭다오 시에서 계획한 중국 북부 지역의 대형 액세서리 도매시장이다.

거의 모든 액세서리 부자재들은 이곳에서 판매되고 있다. 스톤, 캐스팅, 양식 진주, 아크릴, 체인, 포마이커, 수정, 가죽 끈, 장식, T핀, 9핀, 글라스,

> 중한국제 소상품성　　　　　　　　　　> 맞은편에 있는 중한국 국제 액세서리 자재 전문 거리

자개 등등, 도금을 제외한 모든 액세서리의 부자재가 있다. 제품과 품목에 따라 차이는 있지만, 광저우보다는 전반적으로 단가가 저렴하다.

　부자재 전문 상가 제품 중에서는 이우에서 납품되는 자재도 많고 광저우에서 공급되는 자재도 많다. 물론 칭다오 자체 공장에서 제작되는 부자재도 많다. 자개와 천연석, 나무 등의 부자재는 광저우와 같은 중국 남방 쪽에서, 아크릴, 플라스틱, 철과 신주 파트와 같은 부자재는 이우에서 공급된다. 포마이커, 에폭시, CCB 등의 부자재는 칭다오에서 생산되는 제품들이 많다.

## 03 _ 인터넷에 없는 칭다오 도매시장 정보

### 칭다오 민생 상무성(青岛民生商贸城)

산동 국제 농산품 전시 교역 중심山东国际农产品展示中心이라는 간판이 있는 전시관은 농산물이 아니라 생활 잡화를 판매하며, 현재 명칭은 칭다오 민생

> 칭다오 민생 상무성 동쪽 입구    > 칭다오 민생 상무성 서쪽 입구

상무성이다. 일상생활 잡화, 완구, 문구, 액세서리, 신발, 의류 등을 판매하는 소상품 도매시장이라고 보면 된다. 칭다오 시장의 청양 채소 교역 도매시장 바로 옆에 있으며, 류팅 공항에서 택시를 타면 15분 거리에 있다.

### 지묵와이마오청 의류 도매시장(卽墨外貿城)

시장 이름처럼 대외 무역 거래를 위한 시장이다. 지묵 의류 시장 바로 옆에

> 아동복 재고 취급 도매상    > 청바지와 여성복 전문 도매상

있다. 지하 1층과 지상 1층에 해외 수출 거래를 위주로 하는 매장들이 있으며, 2층은 무역 사무실이다.

무역 거래를 위주로 해서 그런지 매장들이 대부분 허름하고 디스플레이도 대충 해놓았다. 그리고 공장 재고인 듯한 제품도 많고, 박스만 쌓아둔 가게들도 많다.

가격은 훨씬 저렴하며 흥정을 잘하면 땡처리 제품들도 사입할 수 있다.

### 지묵 소상품 시장(即墨小商品城)

없는 게 없는 지묵 소상품 시장은 지묵 의류 시장처럼 크고 깨끗하진 않지만 오랜 전통이 있다. 이곳은 딱히 카테고리 구분 없이 정말 다양한 상품을 도매로 판매하고 있다. 각종 농기구, 공업용 기계부터 자동차 용품, 건설 부자재, 비닐 포장 용품, 생활 잡화, 가방, 액세서리, 모자, 완구 등등 웬만한 용품은 다 있다고 보면 된다.

단가는 이우 잡화 시장과 비교했을 때는 조금 비싼 듯하나, 공장에서 직

>지묵 소상품 시장 정문 전경

>공업 용품 전문 도매상

접 운영하는 상가의 제품들은 아주 싼 편이다. 지묵 의류 시장에서 차를 타고 5분 거리에 위치해 있으며, 일반 재래시장 같은 느낌이 든다. 외국인들이 이우 시장만큼 많은 편이 아니어서, 외국인들에게 호의적으로 대하고 단가도 좋게 쳐준다. 몇몇 생활 잡화 및 건축 부자재와 가방 부자재 등은 이우보다 훨씬 저렴하게 구입할 수 있다. 그러나 이우 시장과 같이 오더를 받아서 진행하기보다는 현재 남은 재고를 판매하는 거래가 많아서 발주 시 납기일을 못 맞추는 사례가 많고, 컬러 변경 등이나 기타 요구 사항을 제대로 이행하지 못하는 업체들이 꽤 있다. 재고가 있는 품목들을 잘 확인하고 구매하면 의외로 좋은 수확을 거둘 수 있다.

## 04 _ 칭다오 시장조사 노하우

### 칭다오 시장 찾아가는 방법

칭다오 시장 역시 가는 방법이 두 가지가 있는데, 비행기를 타고 직접 칭다오 공항으로 가는 방법과 배를 타고 칭다오 항구로 가는 방법이 있다. 배는 18시간 정도 소요되지만 칭다오는 인천공항에서 한 시간 20분 정도밖에 걸리지 않기 때문에, 바다 여행이 목적이 아니라면 비행기를 타고 가야 시간을 아낄 수 있다. 또한 지모루 시장을 제외하고 류팅 공항에서 그리 멀지 않은 곳에 위치해 있기 때문에 공항에서 바로 택시를 타고 가면 된다. 지모루 시장은 택시를 타고 공항에서 약 한 시간 정도 시내로 가면 된다.

처음 중국에 가거나 배 여행을 좋아한다면 배를 타고 가는 것도 좋다. 예전보다 많이 줄었지만 보따리 상인으로 중국을 왔다 갔다 하는 사람들에

**선박별 객실 등급 안내**

| 등급 | NEW GOLDEN BRIDGE II | NEW GOLDEN BRIDGE V |
|---|---|---|
| DELUXE ROYAL | Double Bed, 응접실 | Twin Bed, 응접Set |
| ROYAL CLASS | Twin Bed | Twin Bed |
| BUSINESS CLASS | 4인 침대 | 4인 침대, 8인 화실 |
| ECONOMY CLASS | 48~64 침대, 8~16인 화실 | 50 침대, 11/16/17인 화실 |

**NEW GOLDEN BRIDGE II (인천 - 위해)**

| Class | 한 국 (KRW) | 중 국 (CNY) |
|---|---|---|
| DELUXE ROYAL | 170,000 원 | 1,370(CNY) |
| ROYAL CLASS | 150,000 원 | 1,090(CNY) |
| BUSINESS CLASS | 130,000 원 | 890(CNY) |
| ECONOMY CLASS | 110,000 원 | 750(CNY) |

※ 상기 요금은 편도 운임입니다.

**NEW GOLDEN BRIDGE V (인천 - 청도)**

| Class | 한 국 (KRW) | 중 국 (CNY) |
|---|---|---|
| DELUXE ROYAL | 180,000 원 | 1,370(CNY) |
| ROYAL CLASS | 160,000 원 | 1,090(CNY) |
| BUSINESS CLASS | 140,000 원 | 890(CNY) |
| ECONOMY CLASS | 120,000 원 | 750(CNY) |

※ 상기 요금은 편도 운임입니다.

**터미널 이용료 및 관광진흥기금 안내**

| 징수처 | 징수시기 | 비용 | 비고 |
|---|---|---|---|
| 한국 | 출국 당일 수속 시 | 4,300원 | 6세 미만 무료 |
| 중국 | 출국 당일 수속 시 | 30(CNY) | 출국자 모두 징수 |

※ 터미널 이용료 및 관광진흥기금은 승선권 금액과 별도로 출국 당일에 현금으로만 받습니다.

> 위동 페리 인천-칭다오 선박 요금표

게서 좋은 정보를 들을 수도 있고, 20kg으로 짐 무게를 제한하는 비행기와 다르게 무게 단속이 심하지 않기 때문에 가져오고 싶은 짐이 많다면 배 여행을 추천한다.

또한 비자를 미리 받지 않고 도착(선상) 비자를 발급받을 수 있기 때문에 급하게 중국을 가야 하는 사람에게 유리하다. 비행기보다 저렴하지 않으며, 비수기 때는 오히려 비행기 값보다 비싸다.

비즈니스 클래스가 가장 무난하며, 4인 혹은 8인이 같이 쓰기 때문에 다른 사람과도 많은 이야기를 나누며 정보를 공유할 수 있다. 티켓 예매는 위동 페리 홈페이지 www.weidong.com 에서 하면 된다.

### 효과적인 시장조사 방법

칭다오 중한국제 소상품성의 대부분의 매장에서는 샘플을 무료로 받을 수 있다. 부자재이기 때문에 개별 단가가 크지 않은 데다 고정적으로 거래하는 액세서리 제조업체가 많고 샘플을 많이 만드는 액세서리의 특성상 샘플을 가져갈 수 있다. 매장에 들어가면 제품 진열대 옆에 작은 지퍼백 봉투가 있는데, 그곳에 샘플을 담을 수 있다. 또 샘플을 담고 직원에게 보여주면 직원이 샘플 봉투에 단가를 표기해주기 때문에 가격을 파악하기도 쉽고 나중에 단가를 정리하기도 쉽다.

칭다오에서 의류 사업이 주목적이라면 지묵에 있는 와이마오청 의류 도매시장으로 바로 가는 것이 좋다. 지묵 의류 도매시장에서는 한국인이 좋아하는 디자인을 찾는 데 시간이 많이 걸리고 단가가 저렴하다는 보장이 없기 때문에, 와이마오청 의류 도매시장으로 바로 가서 괜찮은 디자인을 찾으면 시간을 많이 절약할 수 있다.

# 7장
## 선전 시장

## 01_ 선전 시장은?

선전은 전자 제품 시장이 발달했다. 규모 면에서도 중국 최대이며, 웬만한 전자 제품은 이곳을 통해 중국 내수 시장에 공급된다. 컴퓨터, 핸드폰, 태블릿의 주변 기기를 구입하기 위해 세계 곳곳에서 바이어들이 몰려드는 곳이 선전의 화창베이华强北 시장이다. 이곳은 우리나라의 용산과 비슷하지만 규모 면에서는 용산의 열 배 이상으로 규모가 큰 시장이다.

전자 제품의 메카이기 때문에 컴퓨터 주변 기기, USB 용품, 핸드폰과 태블릿 PC 케이스 혹은 핸드폰 액세서리를 구입하려면 다른 시장에 가볼 필요 없이 선전만 돌아봐도 된다.

가까운 홍콩에서도 짝퉁 명품을 사기 위해 많이 온다는 뤄후 상업성罗湖商业城은 가볼 만하다.

> 선전 기차역

## 02_ 선전 주요 도매시장

| 시장 | 취급 품목 |
|---|---|
| 화창베이 전자 세계 华强北电子世界 | IC 부품, 전자 케이블, 컴퓨터, 노트북 관련 용품 |
| 사이거 전자 시장 赛格电子市场 | 전자 부품, 전자 케이블, 전기 관련 공구 및 계측기와 노트북, 컴퓨터, 주변 기기 |
| 국제 전자성 国际电子城 | 무전기, 전기 공구, 계측기 |
| 대도시 전자성 都会电子城 | LED용품, 전자 부품, 전자 공구 |
| 중전 디지털 세트 중심 中电数码配套中心 | MP3, MP4, MP5 등의 미디어 재생 장치 |
| 동문 시장 深圳东门市场 | 의류, 신발, 가방, 액세서리 잡화 |
| 뤄후 상업성 罗湖商业城 | 명품 이미테이션 전문 상가 |

### 화창베이 전자 세계(华强北电子世界)

화창베이 상가 중에서 가장 오랜 전통을 자랑하고 있는 건물이다. 구관 두 개 동과 신관으로 구성되어 있으며, 구관에서는 IC 부품을 비롯해서 전자 부품, 각종 케이블, 전자 공구 및 스위치 등의 주변 기기를 판매하고 있다. 신관에서는 카메라 플래시 관련 부품과 일반적인 가전 제품(노트북, 카메라, 컴퓨터, 에어컨, TV, 핸드폰 등)을 취급한다.

선전의 화창베이 전자 세계에서는 모든 전자 제품과 관련 용품을 볼 수 있는데, 핸드폰 케이스, 태블릿 케이스와 컴퓨터 관련 제품은 광저우보다

❶ 화창베이 전자 세계
❷ DSLR 카메라 방수 케이스 700위안
❸ 아이패드 케이스 15~30위안
❹ 럭셔리 아이폰 케이스 20~50위안
❺ 블루투스 키보드 90위안
❻ 휴대용 피아노 건반 180위안

도 이곳의 디자인이 앞서며 품질도 우수하다. 물론 가격도 저렴하고 한국에서 보지 못했던 신기한 제품이 많다. DSLR 방수 케이스와 말소리를 인식해서 불의 밝기가 환해지고 어두워지는 전등, 휴대용 피아노 건반 등은 이곳 선전에서 개발되어 한국으로 들어온 제품이다.

### 사이거 전자 시장(赛格电子市场)
화창베이 전자 세계와 함께 화창베이 거리에서 가장 오래된 상가다. 1~2층에서는 계측 기계, 각종 전자 부품, 공구, 기타 케이블 등을 판매하고 있으며, 3~10층에서는 컴퓨터와 노트북 관련 제품을 주로 다룬다. 별관에서는 MP3 등 컴퓨터 주변 기기나 관련 제품을 판매한다.

>사이거 전자 시장 건물

### 국제 전자성(国际电子城)
사이거 전자 시장 뒤쪽에 위치해 있으며, 각종 전자 공구 및 전기 계측기와 무전기, 녹음기, IP 카메라(네트워크 카메라) 등의 소형 전자 제품을 주로 취급한다.

▶동문 시장 입구

▶동문 의류 전문 판매 상가

### 대도시 전자성(都会电子城)

화창베이 전자 세계 신관 뒤편에 있으며 대부분 LED 관련 제품과 전자 부품, 전자 공구 등을 취급한다.

### 중전 디지털 세트 중심(中电数码配套中心)

MP3, MP4, MP5 등의 소형 재생 장치 전문 상가로 아이팟 등의 이미테이션 제품도 많이 판매한다. 수리 및 직접 조립하는 업체들이 대부분이며, MP3 보조 액세서리도 판매하고 있다.

### 동문 시장(深圳东门市场)

선전 지하철 1호선을 타고 종점인 뤄후역 두 정거장 전인 라오지에老街역에서 내린 후 C번 출구로 가면 동문 시장이다. 동문 시장은 우리나라의 남대문이나 동대문 시장과 비슷한 곳이다. 도매뿐만 아니라 소매로도 판매한다. 의류, 잡화, 신발, 가방, 블라인드, 커튼, 원단, 주방 용품 등의 도매시장도 있다.

❶ 뤄후 상업성
❷ 뤄후 항구, 출입국
❸ 선전의 짝퉁 시장 바로 맞은편에 있는 선전 기차역. 이곳에서 광저우로 가는 기차 편이 자주 있다.

### 뤄후 상업성(罗湖商业城)

홍콩에서 배를 타고 선전으로 들어가면 뤄후 항구를 통과해야 하는데, 그 곳을 벗어나면 바로 오른쪽에 보이는 건물이 짝퉁 시장으로 유명한 뤄후 상업성이다. 짝퉁은 원래 광저우가 유명하지만, 광저우보다 가깝고 교통편이 다양해서 홍콩인들이 많이 드나드는 선전 항에도 5층 건물로 되어 있는 짝퉁 시장이 있다. 제품 품질은 좋은 편이지만 가격이 비싸다. 가격을 듣자마자 등을 돌리면 바로 가격이 내려갈 정도로 심하게 바가지를 씌운다. 오전 10시부터 오후 9시까지 영업한다.

## 03 _ 선전 시장조사 노하우

### 선전 시장 찾아가는 방법

선전 시장도 광저우 시장과 비슷하다. 첫째로 선전 공항으로 직접 가는 직행 비행기를 탈 수 있다. 둘째, 홍콩으로 들어가서 홍콩의 흥험 기차역에서 기차를 타고 가는 방법이 있다. 그리고 마지막으로 홍콩에서 버스를 타고 가다가 지하철로 갈아타서 선전에 도착할 수 있다.

광저우와 마찬가지로 선전 직행 비행기는 수도 많지 않고 요금도 많이 비싼 편이다. 그래서 저렴하고 다양한 시간대의 비행기를 선택할 수 있는 홍콩으로 가서 선전으로 다시 이동하는 것이 비용을 절약하는 길이다.

홍콩 공항에서 나가자마자 우측에 있는 공항 버스 A21번을 타고 흥험 기차역, 쿠오룬역을 통해 기차를 타고 선전 기차역으로 가는 방법이 있다. 홍콩에서 선전까지는 기차로 한 시간밖에 걸리지 않는다. 그렇지 않으면 A43번을 타고 약 40분을 가면 상슈이 上水 Sheung sui 에 도착하게 된다. 이곳에서 바로 앞에 있는 상슈이 KCR역에서 전철을 타고 선전의 뤄후 방면으로 가면 된다. 이 방법이 가장 간편하고 빨라서 많이 이용한다.

홍콩 공항에서 바로 지하철로 이동해도 된다. 선전 뤄후역까지 지하철로 이동할 수 있다.

### 주문 시 주의할 점

전자 제품을 발주할 때는 중국과 한국의 플러그 모양이 차이나므로 발주 시 변경 요청을 해야 한다. 중국은 아직도 우리나라가 예전에 쓰던 직각 플러그를 사용하고 있기 때문이다. 또 전자 제품인 경우에는 발주 시 꼭 선적 전에 작동 여부를 확인해야 한다. 샘플은 잘 작동했더라도 실제 선적되는 제품 중에 작동이 안 되는 제품들이 많을 수 있다.

또 이와 같은 전자 용품은 전기 승인 안전 검사를 받아야 하지만, USB 전력으로 작동되는 제품은 안전 검사 대상이 아니다. USB 전력은 모두 5V 미만으로 작동되기 때문이다. 예를 들면 USB 선풍기, USB 램프, USB 가습기 등등은 전기 기기이지만 통관 시 세관장 검사 제외 품목이다. 이처럼 들여오는 품목의 검사 기준을 정확하게 알고 있어야 한다.

# 8장
## 중국 공장에서 발주하는 노하우

중국의 유명한 광저우나 이우 시장은 인터넷에도 관련 자료가 많고 현지 사입, 검품, 배송 대행업체들도 많기 때문에 접근하기 쉽다. 즉, 누구나 조금만 관심을 가지면 도매시장에서 물건을 사입할 수 있다. 그렇기 때문에 경쟁이 치열하고, 자신이 괜찮다고 생각하는 제품은 이미 다른 사람들이 진행하고 있는 경우가 많다. 적은 수량을 사입하려는 사람에게 도매시장은 좋은 사입처가 될지 모르지만 장기적으로 볼 때 큰 이익은 없다. 자신만의 제품을 제작하고 도매시장보다 더 좋은 단가를 받기 위해서는 직접 공장을 찾아 나서야 한다. 이번 장에서는 아이템별로 공장을 찾는 방법과 오더 진행 과정에 대해서 소개하도록 하겠다.

## 01_ 공장 찾기

중국에서 공장을 찾기란 쉽지 않다. 국내에서도 제품을 직접 제작하거나 싸게 구입하려고 공장을 찾아본 사람은 알 것이다. 옷을 제작할 때, 옷 공장들은 많지만 어떤 공장은 나염 티셔츠 전문, 어떤 공장은 다이마루 제품 전문, 어떤 공장은 시폰 원단 소재 전문 등 공장별로 특화되어 있다. 웬만큼 큰 공장이 아니고서는 모든 원단 제품을 제작하지는 않는다. 또 큰 공장들은 소량으로 발주하는 개인은 상대해주지도 않는다. 중국도 마찬가지다. 수많은 중국 공장 중에서 자신의 아이템에 딱 맞는 공장을 찾기란 쉽지 않다.

중국 공장을 돌아다니면서 시간을 낭비하는 경우도 많다. 중국인과 한국인은 거리와 시간 관념이 다르기 때문에 공장이 아주 가깝다고 말해서 실제로 가보면 한 시간이 넘게 걸리거나 서너 시간 걸리는 경우도 많다. 우리나라에서는 한 시간 정도 걸리면 먼 거리라고 생각하지만, 중국인들에게는 다섯 시간 걸리는 거리는 가까운 편에 속한다. 5분 거리라고 말해도 실제로는 30~40분은 족히 걸린다. 그렇기 때문에 시장조사 초반에는 공장이 가깝다는 말만 믿고는 한 공장만 둘러보는 데 하루 종일 걸린 적도 있다. 그렇기 때문에 정확한 위치를 묻고 지도에서 위치를 확인하여 대략적인 시간을 가늠한 후 움직이는 것이 좋다. 그렇지 않고 중국인의 말만 믿으면 차 안에서 시간을 낭비할 수 있다.

### 알리바바에 의존하지 마라

일반적으로 중국 공장을 찾을 때 알리바바를 이용한다. 하지만 알리바바에 올라 있는 회사 중에 70~80% 정도는 공장이 아니라 전문적인 무역 에이전트다. 중국 도매시장에 한 번이라도 들른 사람들은 알리바바에 올라 있는 제품 단가가 도매시장 단가보다 비싸다고 말한다. 실제로 중국 공장을 방문해보면 알리바바를 모르는 공장장도 많고, 컴퓨터도 잘 다루지 못하는 중국인도 많다. 더군다나 공장에서 영어를 잘하거나 무역 업무를 할 수 있는 직원을 따로 둔 경우도 많지 않다.

알리바바에 올라 있는 제품은 공장으로부터 사진을 받아 무역 회사에서 올려놓은 것이다. 당연히 무역 회사들은 마진을 붙이기 때문에 생각보다 단가가 비싸다. 연락해서 방문하겠다고 하면 이런저런 핑계를 대면서 약속을 미루는 경우도 많고, 직접 방문해도 실제 주소와 다르기도 하다. 다른 공장을 보여주는 것이다.

> 검색 포털 사이트 바이두

이런 업체들은 직접 공장을 운영하는 것이 아니고 오더에 대해 수수료를 받기 때문에 가격도 비싸고 최소 발주량도 많다. 중국 도매시장에서는 최소 발주량이 생각보다 많지 않다.

그래서 필자는 중국의 유명한 검색 포털 사이트인 바이두 www.baidu.com를 이용하거나 메이드인차이나 cn.made-in-china.com를 이용한다. 바이두 사이트에서는 원하는 제품을 중국어로 입력하고 工厂(공장) 혹은 生产(생산)으로 검색한다. 메이드인차이나 사이트에서는 찾는 제품을 검색창에 치고 검색 조건을 按公司(회사 기준)로 하고 검색하면 공장이 뜬다. 메이드인차이나 사이트는 영문 버전이 있지만 중국 버전 사이트가 좀 더 자세하고 공장들도 많으며 내수 거래하는 사람들이 주로 찾기 때문에 단가도 저렴하다.

우선은 검색한 회사에 자체 생산 라인이 있는지 확인해야 한다. 자체 생산 라인이 없고 하청 공장에 작업을 맡겨서 포장만 하는 공장이 많기 때문이다. 자체 생산 라인이 있는지, 있다면 어느 정도 규모인지 확인해야 한

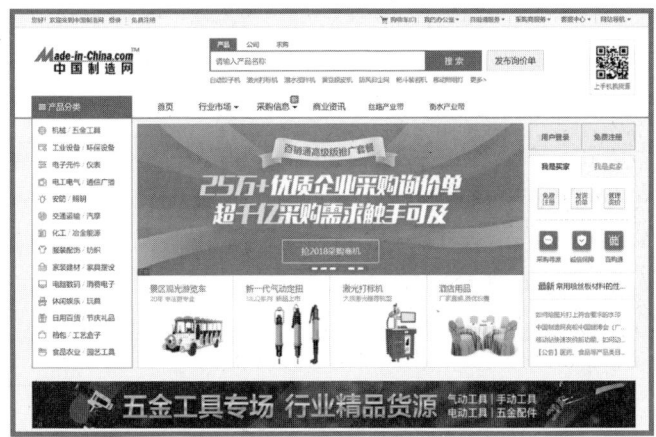

>메이드인차이나

다. 이를 확인하려면 일단 링크되어 있는 회사 홈페이지나 회사 소개 페이지에 올라 있는 제품군을 살펴본다. 제품군이 다섯 가지 이상이면 자체 공장이 아니라 무역 회사로 봐도 무방하다. 제품군은 한 가지인데 올라 있는 제품의 종류가 많을 때는 공장이라고 보면 된다. 마음에 드는 제품을 정하고 그와 비슷한 디자인의 제품 사진을 보내달라고 하거나 제품의 재질을 문의했을 때 유사한 제품의 사진이 없다고 하거나 사진을 보내주는 데 하루 이상 걸린다면 공장이 아니다. 공장인지 확인하는 또 한 가지 방법은 현장 사진을 보내달라고 하는 것이다. 공장 외부 사진이 아니라 현장 사진을 보내달라고 요청할 때 다른 핑계를 대거나 바로 보내주지 않으면 무역 회사일 가능성이 높다. 공장을 직접 방문하는 것이 확실하지만, 여러 가지 의뢰했을 때 바로 답변이 오고 전문적인 지식을 갖추고 있다면 괜찮은 공장이라고 봐도 무방하다.

### 좋은 공장 찾는 노하우

이렇게 인터넷에서 공장을 찾을 수 있지만 더 좋은 방법은 사람을 통해 찾는 것이다. 중국은 꽌시(관계, 연줄)를 중요시한다. 그렇기 때문에 인맥을 통해 공장을 찾는 것이 좋다. 알리바바와 같은 B2B 사이트를 통해 오더를 직접 진행하면 가격은 저렴할지 몰라도 불량이 발생하거나 문제가 생겼을 때 해결할 방법이 없다. 중국인들은 이미 손에서 떠난 제품은 나 몰라라 하는 비즈니스 마인드를 지니고 있기 때문이다.

그러나 직접 사람을 통해 소개받아서 거래하는 경우에는 문제가 쉽게 해결된다. 그래서 필자는 중국 친구를 사귀려 노력한다. 한국에 유학 온 중국 학생들에게 중국어 과외를 받거나, 언어 교환language exchang 모임에 참여해 한국어를 가르쳐주고 중국어를 배우면서 친해지는 것이다. 한국에 유학 온 학생들은 중상류층 자제이기 때문에 친척, 친구 지인 중에 공장하는 사람이 한둘은 있다. 그런 공장과 거래하게 되면 대우도 좋고 샘플도 쉽게 얻을 수 있다. B2B 사이트를 통해서 알게 된 공장에서 제품에 문제가 발생하면 해결할 방법이 없다. 중국인들은 방법을 강구하려 들지도 않고, 방법이 있어도 부가 비용에 따른 손해를 절대 감수하려 하지 않는다. 하지만 인맥을 통해 연결된 공장에서는 소개시켜준 사람과의 관계 때문에 어떻게든 해결책을 모색한다.

중국 공장에서 패션 가방을 제작할 때의 일이다. 샘플 검품까지 끝내고 생산된 가방을 받아보았는데 지퍼 부분에 불량이 발생했다. 절반 이상이 불량이었다. 가방이기 때문에 운임비도 비쌌다. 처음에는 불량을 인정하지 않던 공장 측도 친구를 통해 불량 샘플을 보내서 확인시켜주었더니, 친구에게 미안해하면서 불량이 발생한 수량만큼 다시 제작해주었다. 알리바바나 도매업체의 공장을 통하면 한 번 받은 제품의 불량은 보상받기가 힘들다. 하지만 관계를 중요시하는 중국 문화를 이용하면 더 좋은 단가를 받을 뿐 아니라, 문제가 생겼을 때도 신속하게 해결책을 찾을 수 있다.

또 소개받은 공장으로부터 다른 공장까지 소개받을 수 있다. 공장 지역은 대부분 몰려 있어서, 다른 품목의 공장이 주변에 있는지 공장 사장에게 물어보면 아주 친절하게 가르쳐준다. 같은 품목이 아니라 다른 품목이라서 경쟁 상대도 아니고, 오더가 진행되면 공장 사장에게도 이득이 되기 때문이다. 한번은 여성 핸드백 전문 도매상에서 만난 사장에게 직접 운영하는 공장이 있는지 물어본 후, 오더량이 많기 때문에 직접 공장을 방문해서 공장 현황을 파악하고 싶다고 했더니 자신의 차로 두 시간 거리의 공장까지 데려다 주었다. 공장을 둘러보고 돌아오는 길에는 문의하지도 않았던 운동화, 벨트, 구두 공장의 사장이 자신의 고향 친구라며 소개시켜주겠다고 하면서 모든 공장을 소개시켜주기도 했다. 그 사장과는 거래가 진행되지 않았지만, 소개시켜준 벨트와 구두 공장이 단가와 샘플의 디자인이 맞아서 오더를 진행했다. 그 사장은 오더를 진행하는 내내 친구 사장들의 오더를 자신의 일처럼 도와주고 신경 써주었다.

### 공장 찾아가기

중국 공장을 인터넷 B2B 사이트를 통해서 찾거나 중국 친구나 지인에게 소개받아서 방문하는 경우에는 미리 연락해서 미팅 날짜를 잡고 공항이나 호텔까지 픽업이 가능한지 물어봐야 한다. 거리가 너무 멀다면 근처 버스 터미널이나 기차역까지 픽업 요청을 해야 한다. 버스나 택시 등의 대중 교통을 이용하게 되면 너무 불편하고 시간이 많이 걸리거나 요금이 과다하게 든다. 그렇기 때문에 가능하면 직접 찾아가지 말고 공장에서 데리러 오게끔 약속을 잡아야 한다. '아직 오더도 하지 않은 바이어인데 마중을 나올까?' 하고 걱정하거나 미안해할 필요가 없다.

어쩔 수 없이 찾아가게 되더라도 여러 명이 같이 가거나 가이드를 대동하고 방문하는 편이 좋다. 공장이 시내에 있다면 택시를 타고 찾아가면 되지만, 대부분의 공장들은 시 외곽 지역에 있다. 중국어를 잘 못한다면 제대로 공장을 찾아가기란 쉽지 않다. 그리고 외곽 지역에는 택시 기사들도 가지 않으려 하기 때문에 공장에서 가까운 지하철역이나 버스 터미널까지 이동한 후 픽업을 요청한다.

## 02_ 공장 발주하기

### 단가 받기

초보자들은 공장에 가자마자 주눅이 든다. 큰 생산 라인, 분주하게 움직이는 수많은 근로자, 대충 봐도 엄청난 수량의 생산 제품을 보면 기가 죽는다. 그래서 발주 가능한 최소 수량부터 묻는다. 그런데 처음부터 최소 주문량을 물어보면 공장장도 작은 바이어라 생각하고 소홀하게 대한다.

하지만 어느 정도 아는 사람은 공장 규모와 작업 현황, 직원들의 업무 태도, 제품 생산 라인 등을 꼼꼼하게 체크한다. 공장 구석구석을 둘러보는 것은 기본이며, 처음 보는 기계나 이해되지 않는 작업 공정이 진행되고 있을

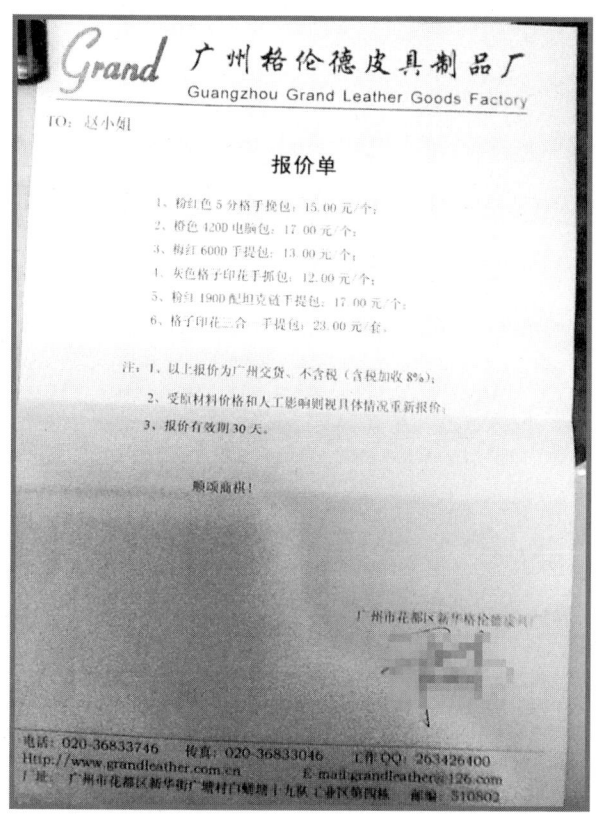

> 오더 전 단가 확인서. 실제 오더를 바로 진행하지 않더라도 논의된 단가를 문서화하는 것이 좋다.

때는 꼭 담당자나 공장장에게 확인한다. 전체 생산 라인을 둘러보고 난 후에는 현재 제작되고 있는 제품의 발주량이 몇 개이며 내수용인지, 국외 수출용인지 확인하고 현재 오더를 받아서 진행되고 있는 제품의 단가를 물어본다. 그리고 하루 생산량과 한 달 생산량이 몇 개인지, 샘플 제작 기간은 어떻게 되는지, 포장 방법은 무엇인지, 현재 주요 판매망은 내수인지, 수출인지 등 아는 지식을 총동원해서 물어본다. 마지막으로 공장을 몇 년 동안 운영했는지, 여태까지 생산된 제품을 볼 수 있는 쇼룸은 있는지 물어보고 쇼룸이나 사무실로 자리를 이동한다.

이런 행동들은 노련한 바이어처럼 보이는 데 필요한 액션이다. 그래야 준비된 샘플을 꺼내서 발주하려는 제품이나 현재 공장에서 생산 중인 제품의 단가를 물어볼 때 값을 잘 받을 수 있다. 제작하려는 샘플은 단가가 바로 나오지 않는다. 의류나 가방 같은 경우는 원단 단가를 확인해봐야 하고 부자재가 들어가는 경우는 부자재 단가도 확인해야 하기 때문에 빠르면 1~3일 정도가 걸린다. 현재 공장에서 생산되고 있거나 생산했던 샘플의 단가는 발주 수량에 따라 달라진다.

이때 앞으로 어떻게 오더할 것인지를 이야기해야 한다. 현재 자신은 한국에서 어떻게 판매하는지, 어느 나라에 수출하고 있는지, 기본 발주 수량은 어느 정도이고 고정 고객은 몇 명이며 외국 바이어는 몇 명인지 등 여러 가지 판매 상황을 설명한다. 약간 과장할 필요도 있다. 너무 솔직하게 말한답시고, 이런 제품을 다루어본 적도 없고 이제 막 판매를 시작하려고 하는데 최소 오더를 어떻게 하면 되겠는지 물어보거나 판매가 잘되면 또 발주하겠다고 말하는 것은 좋지 않다. 그보다는 기본 오더 수량이 5000개라도 처음부터는 전부 오더할 수 없고, 일단 테스트 오더가 진행되어서 생산된 제품이 괜찮을 경우 본 오더를 진행하고, 제품이 좋지 않으면 본 오더를 진행할 수 없다고 말하면 된다.

물론 사람마다 성향 차이가 있기 때문에 어떤 사람들은 처음부터 솔직하게 이야기해서 신뢰감을 주는 것이 중요하다고 생각할 수도 있다. 하지만 중국인들은 대체적으로 과장이 심하고 어려운 사람보다는 잘나가는 사람을 도와주고 잘 대해준다. 그렇기 때문에 당당하고 자신감 있게 오더하면 된다. 일단 공장에서 생산한 제품을 보고 추가 오더를 하겠다고 하면, 최소 주문 수량도 줄일 수 있고 단가도 잘 받을 수 있다.

최소 주문 수량을 정하고 나서 공장 측에서 제시한 단가에 만족하지 못하는 경우에는 최소 주문 수량 이상으로 발주한다. 예를 들어 최소 수량 200개일 때 단가가 28위안인데 1000개를 발주하면 23위안까지 조정된다면 1000개를 발주한다. 단가는 5위안이 낮아지지만 재고에 대한 부담도 있을뿐더러 투자금이 많이 들어가서 부담이 될 수 있다. 그러나 판매 루트가 확보되었거나 최소 수량 이상 판매가 가능한 제품은 가격을 내릴 수 있는 수량만큼 발주를 넣는다. 대신에 생산 기간이 한 달이 걸리면 물건을 나누어서 받는다는 조건을 건다. 먼저 한 달 후 300개나 500개를 받고, 다시 한

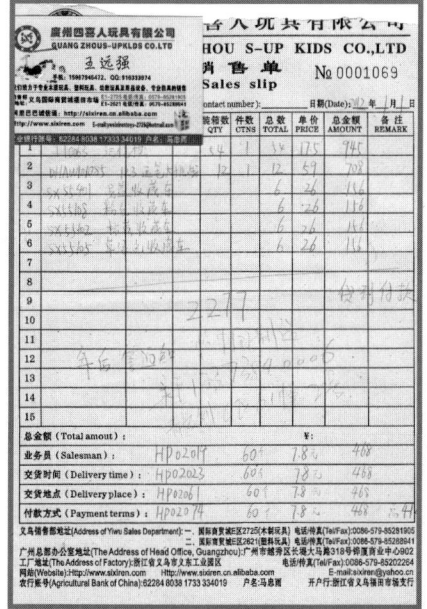

▶아동용 제품 공장 발주서　　　　　　▶파우치 제품 공장 발주서

달이 지난 후 나머지 수량을 인도받는 것이다. 결제는 물건을 받는 만큼만 결제한다고 하면, 결론적으로 수량은 적게 발주하면서 가격도 저렴하게 받을 수 있는 셈이다. 이렇게 하면 결제에 대한 부담이 훨씬 적어진다.

### 발주서 작성 요령

공장에서 살펴본 샘플의 품질도 괜찮고 단가도 괜찮다면 소량으로 발주한다. 기존 샘플을 추가 변경 없이 그대로 발주할 때는 제품에서 쉽게 나올 수 있는 불량 요건을 발주서 주의 사항에 적어 넣고, 원산지 표기에 대한 내용도 기입한다. 기본적으로 제품 번호와 컬러, 수량, 단가를 표기하면 된다. 발주서는 대부분 공장에 있기 때문에 공장에 있는 발주서에 작성해도 되고, 따로 발주서를 만들어서 공장에 발주해도 된다.

### 컬러 및 원단 선정

제품을 발주할 때 제일 먼저 확인할 것은 샘플 컬러와 원단 또는 원자재다. 기존 샘플과 똑같이 만든다고 하더라도 똑같은 원단을 찾기는 힘들기 때문

> 가죽 원단 컬러 스위치 카드

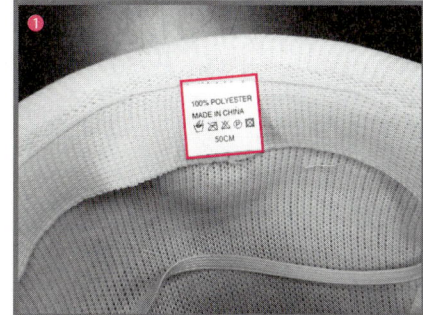 

❶ 모자에 박음질되어 있는 원산지 표기 태그
❷ 인쇄되어 있는 원산지 표기
❸ 최소 포장 단위에 스티커 작업으로 원산지 표기가 되어 있는 경우
❹ 제품 뒷면에 원산지가 인쇄되어 있는 핸드폰 케이스

에 컬러 차트를 이용해서 샘플 컬러를 확실하게 선정해야 한다. 또한 중국은 우리와 컬러 개념이 다르다. 예를 들면 우리가 흔히 말하는 카키색과 중국인들이 생각하는 카키색은 조금 차이가 있다. 중국인들은 베이지 컬러에 녹색빛이 도는 컬러를, 우리는 군녹색을 카키색이라고 부른다.

### 원산지 표기

중국 내수 오더만 진행했던 공장이라면 원산지 표기 방법이나 제품 포장을 신경 쓰지 않는 경우가 있다.

원산지 표기 방법은 제품에 따라 다르다. 의류나 가방 등은 흰색실로 Made in China 라벨을 박음질해야 한다. 벨트의 경우는 원산지 표기가 낙인으로 찍혀 있어야 한다. 어떤 공장은 원산지 표기 작업에 대해 추가 비용을 요구하기도 하는데, 기본적으로 원산지 작업은 공장 의무 사항이기 때문에 추가로 지불할 필요가 없다. 이외에도 주조Molding, 식각Etching, 낙인Branding, 박음질Stitching, 인쇄Printing, 등사Stenciling 등의 방법으로 제품에 원산지 표기를 해야 한다.

그동안 아무런 문제 없이 수입해온 제품이라도 세관장 물품 검사 시 원산지 표기 방법을 변경하도록 지시받으면 지시에 따라 표기 방법을 바꿔야 한다. 그렇기 때문에 소매용 최소 포장 단위에 원산지를 표기하도록 한다.

> **Tip 예외적인 원산지 표기**
>
> 다음과 같은 경우는 라벨을 이용하거나 스티커를 붙이거나 꼬리표를 다는 등의 예외적인 방법으로 원산지 표기가 가능하다.
>
> 1. 물품의 물리적 특성상 원칙적인 방법에 의한 원산지 표기가 불가한 경우
> 2. 원칙적인 방법으로 원산지 표기를 할 경우 물품이 훼손되는 경우
> 3. 예외적인 방법으로도 원산지 표기가 충분히 가능한 경우
> 4. 예외적인 방법이 관행화된 경우

### 수출 포장 요청

포장 방법은 체크해서 발주서에 표기해야 한다. 내수 오더만 진행한 공장이라면 간단하게 포장하는 경우가 많은데, 물품은 컨테이너에 적재되고 다

시 출하되는 과정에서 파손이 일어나곤 하기 때문에 쉽게 파손될 만한 제품은 추가로 목재 또는 스티로폼을 이용하여 포장하도록 요구해야 한다.

추가 포장도 기본적으로 바이어의 권리이므로 이 또한 추가 비용 부담 없이 진행하면 된다.

**납기일 체크**

오더 진행 시 정확하게 납기일을 맞추는 것은 매우 중요하다. 시즌 상품인 경우는 납기가 1주일만 늦어져도 매출액 차이가 크기 때문에 납기일을 지키지 못할 시에는 위약금을 물거나 제품 할인을 적용해서 납기 지연으로 인한 손해를 방지해야 한다. 실제로 오더를 진행해보면 제시간에 납기를 마무리하는 공장이나 도매상은 거의 없다. 대부분의 업체들이 여러 가지 핑계를 대면서 납기일을 어긴다.

**샘플 오더 진행 방법**

샘플 오더란 공장의 최소 주문량으로 발주할 때를 말한다. 최소 주문량으로 발주할 때 좋아하는 공장은 없다. 이윤을 남기기 힘들기 때문이다. 하지만 바이어가 추가로 오더를 하거나 지속적으로 오더를 이어가게 하려면 처음에는 최소 주문량을 맞춰준다.

이때 중요한 점은 추가 오더를 하거나 지속적으로 거래 가능한 바이어로 보이는 것이다. 바이어 입장에서는 최소 수량을 최대한 적게 하면서도 좋은 단가를 받고 싶다. 그러려면 기 싸움에서 이겨야 한다.

필자의 경우, 한 컬러당 최소 주문량이 500개였던 공장에 다섯 가지 컬러로 100개씩 샘플 오더를 진행한 적이 있다. 처음 공장에 방문해서 최소 주문량을 물었더니 무조건 한 컬러당 최소 500개를 주문해야 생산해준다고 했다. 일단 100개씩 진행해보고 반응이 좋으면 1000개씩 주문하겠다고 공장 사장을 설득했다. 하지만 사장은 100개씩 제작할 경우 컬러당 원단이 너무 많이 남기 때문에 손해가 커서 오더 진행이 힘들다고 했다. 공장 사장을 설득할 때는 여러 가지 방법이 있는데, 첫째는 컬러당 1000개씩 주문하는 것이다. 최소 주문량이 500개인데 컬러당 1000개씩 5000개를 발주하면 공장 사장의 태도가 달라진다. 대신 납기일을 길게 잡는다. 만약 평균 생산 시간이 한 달이라면 두 달 내지 석 달을 제시한다. 그리고 컬러당 100개씩을 15일 만에 빨리 받아야 한다고 요구한다. 그 후, 전체 오더 금액의 10%만 선금으로 지불하고 나머지는 전체 제품이 선적될 때 지불한다. 이렇게 하면 100개씩 발주하는 셈이다. 이때 제품이 불량일 경우 오더를 취소할 수 있다고 계약서상에 명시해야 한다. 그래야 제품 500개를 받아보고 맘에 들지 않거나 불량이 많을 경우 나머지 오더를 취소할 수 있다. 만약 제품이 좋고 맘에 든다면 선적 기간을 넉넉하게 잡은 동안 먼저 500개를 팔고 나머지 수량도 그대로 진행하면 된다.

또 다른 방법은 거래 의지를 보이는 것이다. 다른 공장에서 발주한 발주서나 기존에 있던 판매 계획서, 거래처 계약서 등등 한국어로 되어 있더라도 각종 자료들을 보여주며 계속 거래할 가능성이 있음을 알려준다. 그러려면 적어도 공장을 두 번 이상 방문해야 한다. 한국인들은 성미가 급하기 때문에 공장에 방문한 그날로 모든 계약과 흥정을 끝내려고 생각한다. 특히 공장이 멀리 있다면 요구 조건을 들어주지 않을 경우에는 다시는 이 공

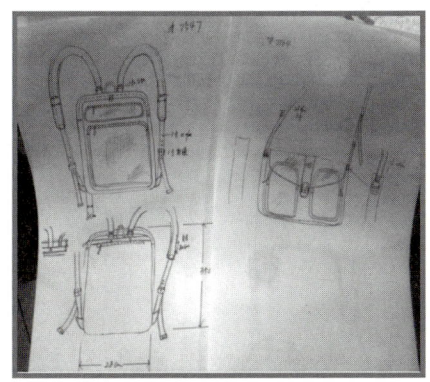
> 가죽 가방 배낭 샘플 오더를 위한 도안

장에 오지 않겠다는 각오로 담판을 지으려고 한다. 하지만 중국인들은 느긋하다. 하나라도 더 팔고 싶더라도 수량을 낮춰서까지 거래부터 트자는 생각은 하지 않는다.

공장 사장들은 제품이나 단가에 대한 자부심이 강하다. 특히 중국인들은 가격 대비 품질 좋은 제품을 생산하는 것으로는 중국이 세계 최고라고 생각한다. 그렇기 때문에 먼저 품질을 인정해줘야 한다. 제품을 인정받은 공장 사장은 점차 마음이 열리면서 수량을 낮춰서 오더 진행을 해준다. 필자도 앞의 공장을 세 번이나 찾아가서 오더를 진행하고 싶다는 의지를 보였다. 여러 가지 제품 디자인 자료도 보여주고, 기존에 진행한 제품도 보여주면서 일단 100개씩 진행해보고 제품이 좋으면 바로 더 많은 수량을 진행하겠다고 설득했다. 그렇게 해서 본래 1000만 원이었던 최소 발주 금액을 낮춰서 100만 원의 샘플 오더로 진행할 수 있었.

이 외에도 방법은 여러 가지가 있다. 공장 측에서 남는 원단이나 부자재 때문에 작업을 못하겠다고 하면 원단 금액을 일정 부분 보상해주는 방법도 있고, 샘플 오더일 경우 수량이 적은 만큼 가격을 좀 더 주고 나중에 재오더 시 기존에 추가 지불했던 금액을 보상받거나 공제받는 방법도 있다. 술을 마시면서 친해지는 것도 방법이다. 그러나 무엇보다도 장기전으로 접근해야 된다. 단가 협상을 해보고 안 되면 포기해버리거나 다른 공장을 찾는 식의 속전속결이 아니라, 몇 번이고 찾아가서 공장 측을 이해하려 노력하면 조금의 손해는 감수하고도 일을 해준다.

## 03_ 중국 공장 둘러보기

아래 공장들은 필자가 직접 둘러보고 오더 진행을 했던 공장이다. 각 품목별 공장의 특징과 주의 사항을 알아보자.

### 액세서리 제조 공장

액세서리 캐스팅 기계는 자체 생산 공장이 아니면 없는 경우가 많다. 캐스팅 기계가 있는지, 있다면 몇 대를 보유하고 있는지 확인해야 한다. 캐스팅 보유량에 따라서 생산량이 결정되는데, 일반적으로 캐스팅 한 대당 액세서리 1만 개에서 2만 개 정도를 하루에 생산할 수 있다. 캐스팅은 용해된 금속을 동그란 틀 속에 넣고 응고시켜서 원하는 모양의 금속 제품으로 만드는 것으로, 같은 모양의 제품을 대량으로 만들 수 있다.

또한 캐스팅으로 생산된 제품의 형태를 꼼꼼하게 확인해야 한다. 제품이 얼마나 깔끔하고 정교하게 나왔느냐에 따라 캐스팅 세공 기술자의 숙련도와 단가를 가늠할 수 있다. 재질에 따라 주석 캐스팅, 신주 캐스팅, 아연 캐

 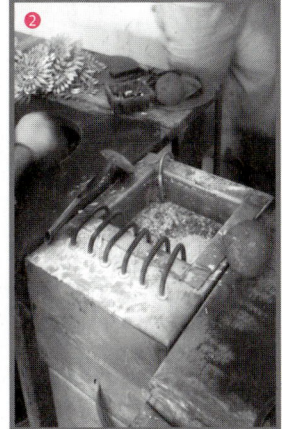 

❶ 주석 캐스팅 기계. 왼쪽에 보이는 것이 틀에 의해서 응고된 주석의 모습이다.
❷ 가운데 보이는 것이 주석이 용해된 주석액
❸ 가랑 기계

스팅, 다이 캐스팅 등으로 나뉘며 기계의 모양도 조금씩 다르다. 공장 방문하기 전에 재료나 기계의 특성 등에 대해 기본적인 지식은 공부하고 방문하는 것이 좋다.

주석 캐스팅을 예로 들어본다. 일단 주석에 대해서 알아야 한다. 주석은 탄소족 원소의 하나로 은백색의 고체 금속인데, 연성과 전성이 크며 녹슬지 않기 때문에 컵이나 중저가용 액세서리에 많이 쓰인다. 고온으로 주석을 녹여서 용해시킨 후 캐스팅 기계에 넣고 작동시키면 원심력에 의해 주석액이 틀 끝부분까지 유입되고, 시간이 지나면서 응고되어 모양이 만들어진다.

가랑 기계는 주석 캐스팅으로 제작된 생산품의 이바리(우리말로는 잘린 흔적, 모서리, 영어로 burr라고 불리는 동판 조각 등의 깔쭉깔쭉하고 거친 부분들로, 캐스팅 제작 과정에서 생긴다)를 제거하는 기계다. 연삭돌을 넣고 물을 부어서 오

> 염색 공장은 영세한 업체인 경우가 대부분이다.

랫동안 돌리면 표면이 부드러워지면서 도금 시 제품에 광택을 더하고 제품을 예쁜 형태로 잡아준다.

### 염색 공장
아크릴, 글라스, 포마이커 등을 여러 가지 원하는 컬러로 염색하는 공장이다. 염색은 기술자의 경력이 가장 중요하다. 원하는 샘플 컬러와 같게 만드는 데는 염료 혼합의 비율이 중요한데, 저울을 이용해서 계량하지 않는 이상 기술자가 감각적으로 비율을 정해야 한다. 또한 끓이는 시간, 물의 온도 등도 색깔을 제대로 내기 위한 기술인데, 경력이 오래된 기술자일수록 뛰어나다.

### 에폭시 작업 공장
에폭시 공장에서 확인할 사항은 컬러다. 모든 과정이 수작업으로 이루어지기 때문에 많은 수량의 제품을 만들어도 컬러가 일정하게 유지되는지 확인해야 하고, 샘플과 컬러 톤이 같고 작업의 정밀도가 높은지 확인한다.

> 에폭시 작업 모습

> 에폭시 작업 후 제품 모습

### 플라스틱 사출 공장

성형 사출이라는 것은 용융시킨 원료를 호퍼라고 불리는 입구에 주입하여 모양을 만드는 것인데, 플라스틱 사출은 그 원료가 플라스틱이다. 즉, 플라스틱 수지를 녹여서 틀에 주입하여 상품이나 부품을 제조하는 것으로, 이런 공장은 원료를 녹여서 틀(금형)에 주입하는 사출 성형기가 있어야 하고 틀이 필요하다.

> 플라스틱 사출기

> 완성된 플라스틱 사출 제품

호퍼에서 공급된 성형 재료는 가열 실린더에서 혼합되면서 실린더 선단의 스크루로 옮겨지고, 공급된 플라스틱 원료는 여러 가지 모양을 만들 수 있게 가소화 상태가 된다. 플라스틱 수지가 실린더 쪽에서 녹으면서 금형으로 들어가게 되고, 그 금형에서 수지가 굳어져 만들어진 제품을 고압으로 밀어낸다.

주변에서 많이 보는 쓰레기통, 가전제품의 케이스 등이 이러한 공장에서 만들어진다.

> **Tip** 불량 제품 체크
> 1. 캐스팅 공장과 마찬가지로 이바리의 정도를 본다.
> 2. 사출된 제품의 형태를 잘 살펴본다.
> 3. 싱크마크라는 제품 표면의 오목한 부분을 확인한다.
> 4. 제품 표면의 가열된 플라스틱 원료가 흘렀던 줄무늬 흔적이나 가는 선의 유무를 확인한다.
> 5. 생산된 제품의 광택이 일정한지 확인한다.
> 6. 생산된 후 며칠 후에 발생하는 크레이징(Crazing, 제품 균열)이나 크랙(Crack, 금이 가는 현상)을 확인한다.

### 철수세미 제작 공장

철수세미와 같이 한두 가지 자재로만 제품이 완성되는 경우에는 사용된 자재의 품질만 체크하면 된다. 수세미 같은 경우는 철선이 쉽게 절단되는지, 적당한 강성을 유지하고 있는지 확인하면 된다. 실제로 물과 주방 세제를 사용해서 직접 그릇을 닦아보고, 이물질이 묻어 나오지 않는지, 손으로 잡기에는 적당한 크기인지 등을 확인한다.

> 수세미 제작 공장

> 수세미 제작 과정

### IP 카메라 제작 공장

전자 제품의 경우에는 공장 규모가 대형이고 직원들도 상당히 많다. 또한 기계나 시스템은 우수하기 때문에 현장을 둘러보는 것은 크게 의미가 없고, 제품이 한국으로 수입되는 데 문제가 없는지, 각종 기계나 전자 제품 수출, 수입과 관련된 인증서는 보유하고 있는지, 품질 관련 인증서 유무 등

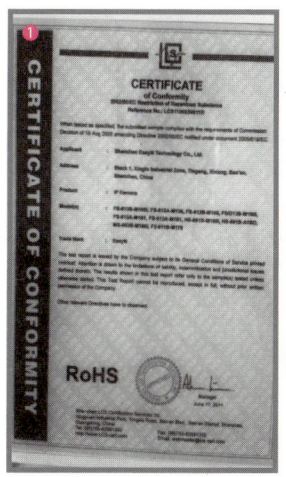

❶ 미국 소비자 제품 안전 위원회 품질 인증서
❷ 200명가량의 직원이 일하는 생산 라인
❸ IP 카메라 불량 검사실

만 확인하면 된다.

보편적이고 널리 알려진 전자 제품인 경우에는 수출을 위한 인증서는 웬만하면 가지고 있다. 나라별로 필요한 인증서가 다르지만, 전자 제품 품질에 관한 기본적인 인증서가 있는지 확인한다.

### 아이패드 케이스 제작 공장

아이패드 케이스는 천연 가죽인 경우도 있고, PU 또는 PVC인 경우도 있다. 일반적으로 천연 가죽이 아닌 인조 가죽을 레자라고 부르는데, PU와 PVC를 가리킨다.

이우 시장이나 광저우 가방 시장에서 진짜 가죽이냐고 물어보면 PU라고 대답하는데, PU는 폴리우레탄polyurethane의 약어다. PU는 내구성이 뛰어나고 복원력이 좋으며 유연성이 우수하고 촉감이 좋고 무독성이기 때문에, 천연 가죽의 대체품으로 가장 많이 이용된다. 건식 PU와 습식 PU로 나뉘는데, 건식 PU는 PVC에 비해 상대적으로 촉감과 색상이 좀 더 부드러워

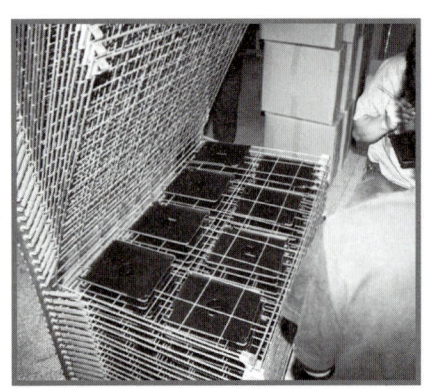
> 케이스 본드 작업 건조대

> 아이패드 케이스 몰드

서 가방에 많이 쓰이며 골프 가방과 권투 글러브 등에 사용된다. 습식 PU는 통기성이 우수하고 손에 닿는 촉감도 좋고 부드럽기 때문에, 의류와 운동화, 농구공, 축구공, 골프 장갑 등에 가장 많이 쓰이는 합성 피혁이다.

PU 다음으로 많이 이용되는 재료는 PVC다. PVC는 폴리비닐클로라이드polyvinyl chloride의 약어인데, 일반적으로 폴리염화비닐을 말한다. 저렴하기 때문에 제일 많이 이용되는 소재이며, 역시 내구성이 뛰어나고 복원력이 좋다. 하지만 통기성이 없으며, 무독성인 PU와 다르게 유해성 논란이 많은 소재이기 때문에 유럽 등의 일부 선진국에서는 가소제가 포함된 PVC 재질의 완구 제품을 판매 금지하기도 한다. PVC는 여성용 핸드백과 천막지, 스키 장갑, 저가의 운동볼 등에 사용된다.

이 세 가지는 단면을 잘라서 내피를 확인하거나 표피에 붙어 있는 부직포의 유무 등으로 확인할 수 있는데, 전문가가 아닌 이상 눈으로 구분하기가 힘들다. 불을 붙이면 PVC는 녹색의 불꽃이 생기며 PU는 붉은 불꽃이 나타나는 것으로 판단하면 쉽다. 현장에서 시험해보는 것도 가능하기 때문

> 플라스틱 케이스에 가죽을 씌우는 작업대

> 케이스 마무리 본드 작업

에 망설이지 말고 불을 붙여보자.

　일부 중국 공장은 PVC의 저가 재료를 쓰면서 PU라고 하기도 하는데, PVC인지 PU인지 구분할 수 있는 노하우가 있어야 공장과 단가 흥정을 하거나 발주할 때도 유리하게 협상할 수 있다.

### 서류 가방 제작 전문 공장

가방 공장에서 주의 깊게 봐야 할 점은 원단과 박음질이다. 원단이 괜찮은지, 박음질은 삐뚤지 않고 균일하게 되어 있는지, 마감 처리는 깔끔한지 확인하면 된다.

> 가방제작 현장

### 여성 전문 신발 제작 공장

구두 공장에서 확인해야 될 사항은 사이즈와 굽이다. 표기된 치수대로 정확하게 나왔는지, 굽이 삐뚤게 붙여지진 않았는지, 좌우 쌍이 대칭되게 제작되었는지를 확인한다. 가방과 마찬가지로 봉제선이 바르게 되었는지, 본드 작업된 곳의 마무리가 잘되었는지 보는 것은 기본이다.

> 샘플실

> 구두 안창 작업

## 배낭 가방 전문 제작 공장

가방에서는 지퍼가 상당히 중요하다. 지퍼 중에서는 YKK 지퍼가 품질이 좋기로 유명하므로 이를 사용했는지 확인해야 한다. YKK 지퍼라고 하더라도 슬라이더만 구해서 일반 지퍼 이빨과 조합한 경우도 많고 중국 제품 중에서는 YKK 짝퉁 지퍼도 많기 때문에 여러 번 여닫으면서 품질을 확인해야 한다.

> 원단 봉제 작업

> 가방 공장 샘플실

YKK는 현재 세계 최고의 지퍼 제조 회사인 일본의 요시다 공업Yoshida Kougyou Kabusikigaisya의 약자다. 1934년에 타다오 요시다가 설립했고 지금은 세계 52개국의 206개 공장에서 지퍼를 생산, 공급하고 있는 기업으로, 1만 번 이상 여닫아도 끄떡없는 최고의 내구성을 가진 지퍼다. 이러한 내구성 덕분에 경쟁사의 초저가 공세를 버티며 전 세계 시장의 50%를 점유하고 있는 일류 기업이다.

### 가죽 핸드백 전문 제작 공장

가죽 제품은 가죽의 등급에 따라 품질 차이가 많이 나기 때문에 가죽 등급을 확인해야 한다. 일반적으로 풀그레인Full-grain, 탑그레인Top-grain, 스플릿Split으로 나뉘는데, 이 중에서 최상급이 풀그레인이다.

    풀그레인은 양질의 가죽을 태닝(생가죽을 무두질하여 장기간 보존하기 위해 사용하는 제혁법)하여 천연 가죽의 장점인 방수성과 통기성을 그대로 살려 염색, 가공하고 마감한 가죽을 말한다. 고급 캐주얼화, 아웃도어화, 구두 등에 광범위하게 사용된다.

    탑그레인 가죽은 풀그레인 가죽보다 조금 낮은 등급의 원피로 제작된 가죽을 말하며, 원피 중에서 주로 바깥 부분을 사용한 가죽이다.

    스플릿 가죽은 원피에서 탑그레인을 분리해내고 남은 안쪽의 가죽으로, 양쪽 표면의 질감이 거의 동일하다. 스플릿 가죽은 인위적으로 표피층을 만들어 사용되는데, 엠보 느낌이나 가죽 문양이 고르고 일정하게 나타나기 때문에 PU와 헷갈리기도 한다. 여성용 핸드백 소재로 많이 쓰이는 가죽 재료다. 이외에도 가죽의 가공 방법에 따라 나파Nappa, 엠보싱Embossing, 스웨이

▶ 포장 및 검품 작업

▶ 건조 중인 핸드백

드Suede, 누벅Nubuck 등으로 나뉘는데, 질감이나 촉감이 다르기 때문에 전문가가 아닌 이상 구분하기 힘들다.

중국 공장이나 도매상에서 가죽 제품을 발주하거나 사입할 경우에는 판매자의 말만 믿지 말고 제품을 꼼꼼하게 확인해야 한다. 가죽의 일부를 칼로 절단해서 보는 것은 기본이며, 불로 태워보기도 하고 냄새도 맡아보아야 한다.

가죽을 절단해서 단면의 층을 살펴보았을 때, 인조실이나 부직포 재질이 섞여 있으면 PU나 PVC다. 스플릿 가죽은 필름 표피 때문에 태우면 푸른 불꽃이 보이지만 잘 타지 않는다. 가죽이나 PU, PVC를 구분하지는 못하더라도, 검사 작업을 진행할 때 공장 관계자나 판매상들이 먼저 설명해주기도 한다. 통역을 통해서라도 이런 설명은 숙지해서 제품에 대한 기본 지식을 익혀야 한다.

제품에 대해서 괜히 아는 척하다가 오히려 무지해 보일 수도 있다. 그보다는 제품 품질을 꼼꼼하게 살펴본다는 인식을 심어줘야 한다.

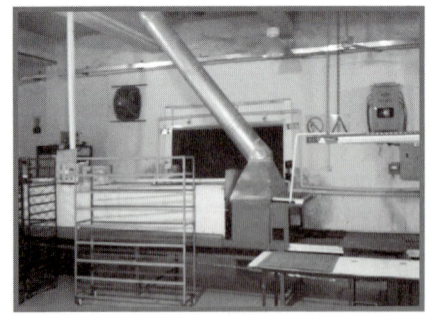
> 코팅 기계

> 코팅 제품 건조대

### 코팅 제품 제작 전문 공장

컬러 코팅 제품은 제품 전체에 고르게 코팅이 되어 있는지가 관건이다. 그리고 코팅 후 고온실에 장시간 두었을 때도 금이 가거나 컬러가 벗겨지는 불량은 없는지 꼭 확인해야 한다.

### 광저우 파우치 전문 공장

가방과 마찬가지로 원단, 재봉질, 마감, 지퍼 등을 주의해서 보면 된다.

> 원단 재단 작업

> 지퍼 부분 봉제 현장

## 04_ 공장 발주 시 주요 체크 리스트

공장 발주 시에는 도매시장에서 물건 사는 것과 다르게 비용이 많이 소요되기 때문에 여러 가지를 확인해야 큰 손해 없이 잘 진행할 수 있다. 제품이 싸다고 무턱대고 성급하게 공장 오더를 진행하면 엄청난 손해를 입을 수 있다. 대부분의 중국 공장은 제품이 생산되고 난 후에 물건이 잘못되었거나 문제가 생겼을 때 환불해주거나 다시 제작해주지 않기 때문에, 처음부터 신중하게 체크하고 또 체크해야 한다.

### 생산 샘플 확인

처음에는 샘플을 보고 발주서를 쓰는데, 이때 샘플과 똑같게 생산되어야 한다는 조건을 계약서에 명시해야 한다. 그러기 위해서는 생산분의 샘플을 언제까지 받아야 한다는 조건을 명시하고, 생산된 샘플이 맘에 안 들거나 기존 샘플과 다를 경우 언제든지 재작업을 요구하거나 오더를 취소할 수 있다는 사항을 계약서에 넣는다.

 어떤 공장들은 바이어가 보는 샘플은 좋은 자재를 쓰고 깔끔하게 공정하여 오더를 받아놓고, 실제 생산분에서는 샘플보다 질이 좋지 않은 자재를 쓰거나 허술한 공정으로 원가를 절감해서 이득을 취한다. 그리고 처음 계약할 때의 샘플과 다르다고 하면 예전 샘플도 생산된 저급 제품으로 바꿔치기하는 경우가 있다. 그렇기 때문에 가능하면 초기 샘플은 보유하고, 샘플 보유가 힘들다면 사진을 잘 찍어두고 중요한 부위는 꼼꼼하게 체크하면서 계약서에 표기해놓는다. 기존 샘플과 생산분에 변경 사항이 있다면 어떤 부분이 변경되는지 계약서에 명시하고 변경된 샘플도 받아보아야 한다.

### 결제 조건 확인

가장 중요한 사항은 결제다. 선금은 얼마나 줄 것이며, 잔금은 언제 치를 것인지 확실하게 정해야 한다. 선금은 가능하면 적게 주는 것이 좋다. 혹시나 샘플이 맘에 안 들거나 생산분이 잘못되었을 때 선금을 포기해야 하는 일도 있기 때문이다.

보통 공장에서는 계약할 때 전체 금액의 30~50% 정도를 요구한다. 하지만 가능하면 10% 정도로 합의를 보는 것이 좋다. 그래야 부담 없이 오더를 진행할 수가 있다. 나머지 잔금은 물건이 준비되어서 선적 준비까지 완료된 후에 입금해주면 된다. 선적이 완료된 시점, 즉 운송 회사가 물건을 픽업하거나 항구 또는 공항의 운송업체까지 인도되었다는 것을 확인한 시점에 나머지 잔금을 보내주는 것이다. 보통 공장과의 첫 거래에서 공장은 선적되기 전에 나머지 잔금을 요구하곤 한다. 잔금이 들어오지 않으면 절대 선적하지 않겠다는 공장도 많다. 하지만 물건이 준비되어 있다고 거짓말하고는 잔금 입금이 확인되면 잠적해버리는 회사도 있기 때문에 물건이 운송 회사에 제대로 인도되었는지 확인한 후에 잔금을 입금한다.

제품의 불량도가 걱정이라면 검품을 대행해주는 회사를 통해 제품 검사를 거친 후에 잔금을 입금시켜도 된다. 직접 검품하기 힘든 경우에 검사 대행 회사가 대신 검품해주고 의뢰인이 제시한 조건에 어긋나는 부분을 불량으로 걸러내주기도 한다. 하지만 대행 수수료가 비싼 편이기 때문에 물건 금액 대비 대행료가 적합한지 계산하고 이용하도록 한다. 이런 회사는 정확하게 의도대로 검품해주거나 물건 제작이 제대로 되어 있는지 객관적인 입장에서 확인해주기 때문에 믿고 맡길 수 있다. 하지만 검품 건별로 15~20만 원 정도의 기본 비용과 물건 가격의 5~10%에 해당하는 검품 대행비는 부담스럽다는 단점이 있다.

### 물건 인도 조건

제품 선적일을 정확하게 명시하는 것이 좋다. 공장에서 처음에는 1주일 혹은 2주일 혹은 한 달의 생산 기간을 이야기하지만, 막상 생산이 시작되면 이런저런 핑계를 대면서 납기일을 늦추기 일쑤다. 다른 주문이 많아서 그런 경우도 있지만 중국인들의 습성이다. 시즌 상품이나 특정 날짜 판매 상품은 제품 인도 시기가 늦어지면 손해를 보게 된다. 예를 들어, 크리스마스 용품은 아무리 늦어도 11월 전까지 입고가 완료되어야 판매할 수 있다. 그런데 11월 중순이나 말에 입고된다면 판매량은 많이 줄어들 것이다. 이런 피해를 줄이기 위해 제품 인도일, 즉 선적일을 정확하게 명시하고, 그때 선적이 안 된다면 일정 기간 동안 물건 가격의 몇 %를 공제하겠다는 내용을 넣는다.

### 제품 불량 시 처리 방법

처음에 오더를 진행하겠다고 하면 공장 측도 반가워하면서 간이고 쓸개고 다 빼줄 것처럼 잘해준다. 그런데 정작 물건에 문제가 생기면 태도가 달라진다.

　중국 광저우 의류 공장에서 오더 진행을 했을 때의 일이다. 가을 코트를

1500벌 진행했는데 생산 샘플까지도 이상이 없었지만 막상 제품을 인도받으니 코트 원단이 기존 샘플과 너무 달랐고 제품 박음질도 엉망이었다. 단추가 달려 있는 위치도 코트별로 들쭉날쭉했고 안감 원단도 일정하지 않았다. 가을 코트였기 때문에 단가도 꽤 비쌌고 무게도 무거워서 운임비도 상당히 많이 지불한 상황이었는데, 불량 제품이 들어와서 망연자실했다. 혹시나 하는 마음에 다른 박스를 개봉해서 살펴봤지만 괜찮은 제품은 손에 꼽을 정도였다. 곧바로 중국 공장에 연락했다. 어떻게 이런 제품을 보낼 수 있느냐고 메일로도 증거 사진을 보냈다.

아니나 다를까, 공장에서는 그럴 리가 없다며 시치미를 떼기 시작했다. 사진들을 보여주며 대부분의 제품이 그렇다고 말했다. 이때는 샘플과 현재 생산분의 차이가 구체적으로 보이게끔 사진을 찍고 표기해서 잘못되었다는 것을 확실하게 인지시켜야 한다. 그리고 무조건적 클레임만 제기하기보다는 협의할 수 있는 여지를 남겨야 한다. 그런 제품이라도 처리하기 위해 어느 정도 노력했음을 설명하고, 나머지 제품의 클레임을 제기하면 공장 측에서도 상황을 받아들인다.

이렇게 중국 오더 진행을 하게 될 때 생기는 제품의 불량이나 혹시 모를 사고에 대비해서 무역 대행 회사나 검품 전문 업체를 이용하는 것이다. 혹자는 무역 대행 회사 수수료나 검품 전문 업체의 검품비가 아깝다는 이유로 직접 진행하곤 하는데, 수수료를 아끼려다가 물건 전체가 불량이거나 원하지 않는 품목을 받을 수도 있다. 중국 공장이나 도매상과 거래했을 때의 위험 부담을 줄이고 안정적인 제품 공급을 위해서는 신뢰할 만한 협력 업체를 이용해야 한다.

# 9장
## 중국 제품 수입하기

중국에서 도매시장을 돌아다녀보고 공장에도 들러봤는데 가격이 그다지 싸다는 생각이 들지 않는다는 사람들이 많다. 실제로 제품을 구매해보고 물건을 들여왔는데 배보다 배꼽이 큰 격으로 기타 부대 비용이 더 많이 드는 때도 있을 것이다. 구매하는 금액 기준으로 계산해보면 비슷한 제품을 파는 국내 도매업체 단가와 비교했을 때 더 비싸게 사는 것 같은 느낌도 들 것이다. 운송비와 통관비, 관세, 부가세 등을 합치면 국내 도매가보다 훨씬 비싸게 들여오는 경우도 발생할 수 있다. 분명 오픈마켓에서는 엄청나게 싼 가격으로 판매하고 있는 제품인데, 중국 도매 상가에서 아무리 최저가로 구매하더라도 기타 비용을 감안하면 오히려 국내 오픈마켓에서 구매하는 것이 속 편하고 안전하다는 생각까지 든다.

한국의 전문적인 도매상이 대량으로 수입 통관하는 것과 개인이 물건을 사입할 때의 비용 차이는 어쩔 수 없다. 이 차이를 정확하게 알지 못하고, 중국 물건을 수입해보니 한국 도매상에서 받는 것보다 비싸다고 말하는 것은 잘못이다. 하지만 통관의 정확한 개념과 운송비가 얼마나 소요되고 어떻게 운임이 부가되는지 확실하게 인지하고 있으면 그리 많지 않은 양을 수입하더라도 전문 도매상과의 비용 차이를 줄일 수 있다.

## 01 _ 운송비의 개념과 산출법

### 운송비의 개념

무역에서 수입, 수출 시 크게 고려해야 하는 부분이 바로 운송비다. 배보다 배꼽이 큰 것처럼 물건 가격보다 운송비가 더 든다면 누구도 그 물건을 사지 않을 것이다.

운송비는 물건이 배로 들어오느냐, 비행기로 들어오느냐에 따라 달라진다. 배로 물건을 들여올 때는 배를 소유하고 있는 해운사를 통하는데, 우리나라에는 한진해운, 현대상선, STX, 대한해운, 고려해운 등의 해운사가 있다. 또 비행기로 물건을 보낸다면 대한항공, 아시아나항공, 제주항공 등의 항공사들이 있다. 해운사나 항공사는 실어 나르는 물건의 물동량이 많고 규모도 크기 때문에 개인과는 직접적으로 거래하지 않는다.

그렇기 때문에 운송 회사라고 하는 포워더(포워딩 회사)를 통해 물건을 보내게 된다. 포워더들은 영업 활동을 통해 물건을 외국으로 보내거나 외국으로부터 들여오려고 하는 개인이나 업체를 찾는다. 그리고 이들로부터 의뢰받아 해운사나 항공사의 운항 일정에 맞춰 물건을 보내주거나 받는다. 포워더는 이런 업무를 대행해주고 그에 따른 수수료를 받는다.

중국에서 물건을 수입할 때도 포워더를 통해 해당 물건의 견적을 받고 물건을 받을 수 있다. 이렇게 포워더에게 지불하는 비용이 운송비다. 때로는 물건을 구매하는 중국 공장이나 도매 상가에서 포워더의 창고나 선박 회사의 물류 창고까지 물건을 옮길 때 중국 내륙 운송비를 부가하거나, 인천이나 부산에 물건이 들어오고 나서도 화주의 사무실이나 창고로 옮길 때 국내 내륙 운송비를 추가로 내야 한다.

### 운송비 산출하는 방법

운송비를 계산할 때는 물건의 무게와 부피를 정확하게 알고 있어야 한다. 통상적으로 항공으로 물건을 가져올 때는 화물의 무게, 해운으로 가져올 때는 화물의 부피로 계산한다. 그러나 제품에 따라 무게는 엄청 무거운데 부피가 작은 물건이 있을 수 있고, 부피는 큰데 무게가 적게 나가는 제품이 있다. 이런 제품은 한 가지 기준으로만 운송비를 측정하기 어렵다. 이를 정확하게 판단하기 위해서는 용적톤 Measurement ton, M/T의 개념을 알아야 한다. 용적톤은 옮기려고 하는 화물의 용적 기준 중량 구분법인데, 용적톤과 실제 운송 화물의 중량인 중량톤 중에서 더 높은 운임을 적용하는 것이 운임톤 Revenue ton, R/T이다. 그래서 항공 화물일 경우 1CBM=167$kg$(또는 166.67$kg$), 해상 화물일 경우는 1CBM=1000$kg$으로 용적톤을 계산한다.

예를 들어 라면 박스(30cm×40cm×60cm) 크기의 상자에 제품을 담았을 때 한 상자당 무게가 20$kg$이고 전체 열 박스의 물건을 해상으로 들여오고 싶다면, 무게가 20$kg$인 상자 열 개이므로 전체 화물의 무게는 200$kg$이다. 이 화물의 용적톤을 구해보면 0.3×0.4×0.6×10=0.72CBM으로, 해상 화물이기 때문에 0.72×1000=720$kg$이다.

실제 무게는 200$kg$이지만 용적톤이 720$kg$이기 때문에 용적톤 720$kg$이 운임톤이 되어서 운임 비용을 계산한다. 똑같은 물건을 항공으로 들여온다면 0.72×167=120.24$kg$이 용적톤이 되어서 원래 200$kg$보다 작기 때문에 이때는 실제 무게인 200$kg$을 기준으로 운임비가 책정된다.

### 포워더에게 운임 비용을 견적받는 방법

대부분의 포워더들은 직접 해운사나 항공사를 운영하지 않고 영업 활동만 해서 진행되는 물류 건들의 수수료로 이윤을 내기 때문에, 수입이나 수출 경험이 없는 개인과 회사에는 높은 단가를 부른다. 그렇기 때문에 처음 수입할 때는 많이 경험해본 것처럼 CBM당 단가와 kg당 운임비를 물어봐야 한다. 포워더에 따라 운송하는 국가가 다르기 때문에 어느 나라 물류를 전문으로 하는지도 확인한다. 그리고 여러 포워더 업체에 단가 견적을 받아서 비교한다.

기본적으로 중국 이우에서 배로 물건을 들여올 때의 단가는 일반 LCL 화물로 치면 CBM당 7~8만 원 정도다. 용적톤으로 계산했을 때 라면 박스 15개 정도가 1.08CBM이므로 이 정도 화물의 운임비가 7만 원이라는 뜻이다. 이 정도면 아이패드 케이스 1000개 정도의 물량인데, 개당 운임비가 70원인 셈이다. 물론 관세사 수수료와 B/L 발행비, 기타 서류 발행 비용, 컨테이너 하역비, 보세 창고 비용 등이 들어가지만, 그 또한 관세와 부과세를 제외하고 10만 원 정도에 불과하다.

그러나 포워더에 따라 가격은 고무줄처럼 늘거나 줄어든다. 화주의 물량이 너무 적거나 경험이 없다고 판단되면 CBM당 7만 원이던 금액이 20~30만 원까지 올라간다. 기타 부대 비용을 비싸게 부르기도 한다. 이렇게 바가지를 쓰게 되면 배보다 배꼽이 더 커져서 결국은 한국에서 사는 것보다 더 비싸진다.

## 02_ 자가 통관과 대행 통관

중국 물건을 수입하는 방법에는 크게 사업자 통관과 대행 통관이 있다. 사업자 통관은 자가 통관 또는 직접 통관이라고 하는데, 물건을 수입하려는 화주가 본인의 사업자로 직접 통관하는 것을 말한다. 대행 통관은 비사업자 통관 또는 대리 통관이라고 부르는데, 자신의 사업자로 통관 업무를 보는 것이 아니라 전문 수입 회사가 수입 업무를 대행해주는 것이다.

### 사업자 통관(자가 통관)

중국 공장이나 도매 상가에서 준비한 물품은 운송 회사를 통해 선박에 선적하고 중국 세관을 거쳐 한국으로 수출된다. 물건이 인천항에 들어오면 수입할 물품에 대한 상업 송장과 포장 명세서를 준비하여 관세사를 통해 수입 신고를 하면 된다. 관세사 비용은 건당 수수료(30000)+인지료(3000)=33000원 정도다. 이 비용은 고정적인 금액은 아니고 관세사별로 차이가 있다.

관세사를 통해 수입 신고를 하고, 송장의 총금액과 운송비를 합친 금액에서 품목별로 다른 관세율(8~12%)에 따라 관세와 부가세 10%를 지불하고 운임비를 지불하면, 관세사에서 수입 신고를 대행해주고 수입 신고 필증과 함께 물건을 인도받을 수 있다.

예를 들어 물건 값 500만 원의 패션 잡화(총무게 700㎏, 부피 3CBM, 관세율 8%)를 중국의 이우에서 무역업체를 이용하지 않고 직접 구매해서 수입한다고 했을 때 비용을 산출해보면 아래와 같다.

| 제품 | 가격 운임 | 비용관세 (8%) | 부가세 (10%) | 관세사 비용 | 국내 운임 | 기타 부대 비용 | 총 가격 |
|---|---|---|---|---|---|---|---|
| 500만 원 | 21만 원 | 416800원 | 562680원 | 33000원 | 50000원 | 25000원 | 6297480원 |

**PACKING LIST**

| Seller / Exporter | Invoice No. and date |
| | L/C No. and date |
| | L/C Issuing Bank |
| Buyer / Importer(Consignee) | Terms of Delivery & Payment |
| | Remarks |
| Port of loading | Final destination |
| Vessel | Sailing on or about |

| Marks and number of PKGS | Goods description | Quantity | Net-weight | Gross-weight | Measurement |
|---|---|---|---|---|---|
| PKG 30  SM6928P | LABEL 1232 | 15,000 | 300 | 330 | 1.58 CBM |

Signed by _____

CABLE :
TELEX :
FAX :

> 포장 명세서

**COMMERCIAL INVOICE**

| Seller / Exporter | Invoice No. and date |
| | L/C No. and date |
| | L/C Issuing Bank |
| Buyer / Importer(Consignee) | Terms of Delivery & Payment |
| | Remarks |
| Port of loading | Final destination |
| Vessel | Sailing on or about |

| Marks and number of PKGS | Goods description | Quantity | Unit price | Amount |
|---|---|---|---|---|
| PKG 30  SM6928P | LABEL 1232 | 15,000 ea | US$1.50 | US$22,500.00 |

Signed by _____

CABLE :
TELEX :
FAX :

> 상업 송장

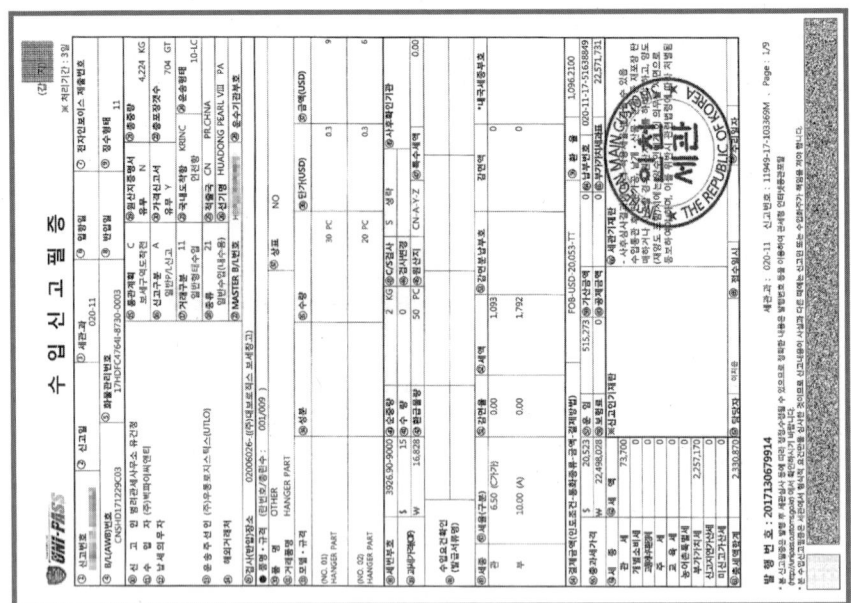

> 수입신고필증

> 물류 통관 정산서. 포워더가 보내주는 예상 통과 금액

> 수입세금계산서

 관세는 CIF(도착항까지 운임료 및 보험료 포함) 가격 기준으로 계산되기 때문에 제품 가격에 운임비를 더한 값에서 8%를 계산해야 한다. 부가세는 CIF 가격에 관세를 더한 값의 10%로 계산해야 한다.

### 대행 통관(대리 통관)

대행 통관은 전문적인 수입업체가 수입 업무를 대신해주고, 그 비용을 운임비에 추가해서 수입업체에 지불하면 물건을 인도받을 수 있는 방법이다. 복잡하고 까다로운 수입 통관 업무를 전문 업체가 대신해주고, 비용도 아주 비싸지는 않아서 많은 업체들이 이용한다.

 500만 원의 패션 잡화(총무게 700㎏, 부피 3CBM, 관세율 8%)를 대행 통관해서 들어올 때의 비용을 알아보면 아래와 같다. 대행 통관은 수입 대행 회사가 통관 업무를 대신해주기 때문에 대행 회사에서 수입 신고를 하고 관세를 지불한다. 그 비용이 운임비에 포함되어 있기 때문에 관세가 없는 것처럼 보인다.

| 제품 가격 | 운임 비용 | 국내 운임 | 부가세(10%) | 총 가격 |
|---|---|---|---|---|
| 500만 원 | 36만 원 | 50000원 | 50만 원 | 591만 원 |

이때 전문 수입 업자가 수입 신고를 대신해주기 때문에 관세나 관세사 비용을 따로 줄 필요 없이 업체에서 통관 업무를 대신해준다. 이렇게 보면 대행 통관으로 들어오는 비용이 자가 통관보다 387480원 저렴하다. 하지만 대행 통관 수수료 비용은 업체별로 차이가 있기 때문에 절대적인 기준은 아니며, 어떤 업체는 자가 통관보다 비싼 경우도 있기 때문에 꼭 비교해봐야 한다. 또한 세금 계산서 발행을 꺼리는 업체도 있기 때문에 주의한다.

장기적으로 보면 자신의 사업자로 직접 통관하는 것이 바람직하다.

### 직접 통관 시 유의 사항

알리바바를 통해 어떤 제품을 최소 주문량으로 발주해서 들여오려고 한다. 물건 값이 200만 원이라고 할 때 Fedex나 DHL, EMS 등의 특송으로 들여오게 되면 운임비가 굉장히 비싸진다. 급한 물건이 아니라면 포워더를 통해 해운으로 들어오는 것이 낫다.

주의해야 될 사항은 제품의 불량이다. 물론 직접 중국에 들어가서 제품을 확인한 경우라면 상관없겠지만, 그렇게 하지 못했을 경우는 중국 업체들의 특성상 물건을 다시 반송하기도 힘들고 환불받기도 어렵기 때문에 큰 손해를 볼 수 있다.

그래서 전문 무역 회사나 검품 회사를 통해 제품의 불량을 꼭 체크해야 한다. 100만 원 미만의 소량 오더일 경우 무역 회사나 검품 회사에 주는 수수료도 아까워서 그냥 물건을 받는 화주도 많은데, 이때 불량률이 높다.

주변에 한 인터넷 판매자는 알리바바를 통해 제품을 알아보니 국내 도매가와 무려 다섯 배나 차이가 났다. 샘플을 구매해보니 제품 품질도 만족스러워서 최소 오더량으로 68만 원어치의 물건을 구매했다. 부피가 약간 큰 제품이라 세 상자 분량이었다. 포워더를 통해 직접 수입을 진행하고, 기타 통관비와 운송비를 합쳐서 17만 원이 들었기 때문에 총비용은 85만 원이 들었다. 비용을 다 포함해도 국내 도매가보다 네 배나 저렴해서 아주 만족스러웠다. 하지만 문제는 제품을 받고 나서였다. 제품이 샘플과는 전혀 달라서 불량품이 많아 제대로 쓸 수 있는 제품은 20%밖에 되지 않았다. 그 정도 불량률이면 차라리 국내에서 소량으로 도매가로 받는 것이 낫다.

그렇기 때문에 물건을 직접 확인한 경우가 아니고 오랫동안 거래한 업체가 아니라면 전문 무역 회사나 검품 회사를 통해 꼭 확인하도록 한다.

### 무역 회사나 검품 회사 이용 노하우

이우나 광저우에는 제품 소싱에서부터 검품과 운송, 통관까지 도와주는 한국 무역업체들이 많다. 통상적으로 한국 업체의 수수료는 10% 정도다. 소량일 경우는 15~30%까지 받는 업체도 있지만, 대개 10%면 무난하다.

　중국 조선족이 운영하는 업체는 5~8%까지 하기도 하고, 중국 무역업체는 그보다 저렴하기도 한다. 하지만 수수료가 낮다고 좋은 업체는 아니다. 때때로 무역 회사들이 대금만 받고 연락이 두절되는 경우도 있기 때문에 직접 확인했거나 검증된 업체를 이용하는 것이 좋다.

　100만 원 미만의 소액을 사기 치는 무역업체는 거의 없다. 초기에 몇 번의 소액 거래를 통해 신뢰를 주고 나중에 큰 금액이 되었을 때 사기를 치는 업체들이 많기 때문에, 큰 금액을 거래하게 되면 중국에 직접 가서 업체와 담당자를 확인하도록 한다.

　전문 검품업체를 이용할 수도 있는데, 수수료는 업체별로 다르다. 건별 기본 금액이 있고, 금액이 크거나 양이 많으면 물건 가격의 5~10%의 수수료를 받는다. 수수료만 따지면 무역업체가 저렴한 것처럼 느껴지지만, 기본 수수료 10%인 업체들은 기본 검품만 해준다. 기본 검품은 열 상자의 화물 중 서너 개를 오픈해서 그 안에서 무작위로 대여섯 개 정도 뽑아 검수하는 것을 말한다. 이렇게 해서 불량률이 10% 미만이면 그대로 선적하고, 그 이상일 경우 화주에게 통지해서 제품을 다시 중국 도매업체에 반품하거나 재주문한다.

　기본 검품은 랜덤하게 검품하기 때문에 어느 정도 불량은 있다고 봐야 한다. 모든 제품을 개봉해서 확인하는 전수 검사를 요구하면 추가 비용을 요구하는데, 이 또한 업체별로 다르고 지역별로 차이가 있다. 광저우와 이우, 칭다오, 선전의 인건비가 다 다르기 때문에 업체가 있는 지역의 인건비를 고려해서 요구하는데, 터무니없이 비싼 검수비를 요구하는 무역업체도 있기 때문에 주의해야 한다. 기본적으로 공인의 하루 일당이나 시간당 인건비 정도는 알아두도록 한다.

이우의 경우에 전수 검사를 하는 공인의 시간당 인건비는 8위안 정도인데, 물품이 워낙 다양하고 포장 방법이나 검품 사항이 다르기 때문에 해당 물건을 검품하는 데 어느 정도의 시간이 걸릴지는 무역업체도 정확하게 알지 못한다. 그래서 다섯 명의 공인이 꼬박 하루 걸려 검사한다고 하면 300위안이 추가 전수 검사 비용으로 들어간다. 이 비용이 물건 가격과 비교해서 적절하다면 전수 검사를 하는 것이 좋다. 그래야 한국에 제품을 들여왔을 때 후회하지 않는다.

전문 검품 회사는 검품만 전문적으로 하기 때문에, 시간이 빠르고 불량 체크율도 높으며 도매업체나 공장의 중개 역할이 아니라 객관적인 입장에서 업무 처리를 해준다. 비용은 무역 회사보다 조금 비싸지만 전수 검사 비용을 생각하면 비슷하다고 볼 수 있다. 기본 비용이 10~15만 원이고 제품 품질 체크의 난이도와 제품 수량에 따라 추가 비용이 결정된다. 이런 업체들을 이용해서 검품할 경우 화물에 대해 가장 해박한 지식을 가지고 있는 것은 화주이기 때문에, 화주가 정확한 검품 기준을 제시해줘야 한다. 처음 수입해보는 물건이라도 샘플을 보면서 제품 판매 시 문제가 될 소지를 모두 체크해서 무역 회사나 검품 회사에 알려준다.

정확한 가이드라인을 제시해서 전수 검사를 했는데도 기준 이하의 불량품이 나왔을 때를 대비하여 업체와 계약 시 계약서에 책임 소재를 명시한다.

### 직접 사입해서 들고 오는 경우

직접 통관이나 대행 통관 모두 운임비와 통관비, 기타 부대 비용이 지출되기 때문에 더 저렴하게 들여오려는 사람은 제품을 보고 사입해서 귀국할 때 가방에 넣거나 따로 박스에 담아서 직접 들고 온다. 이렇게 하면 짐이 많아서 불편하지만 비용을 줄일 수 있는 장점은 있다. 하지만 모든 제품이 아무런 문제 없이 반입 가능한 것은 아니다. 여행자 휴대품 면세 범위는 400달러다. 또한 수화물 엑스레이 검사 시 개인 사용 용도를 초과하는 제품에 대해서는 제품 금액에 관계없이 정식 수입 신고를 해야 한다. 일반적으로 한 가지 제품의 수량이 너무 많을 때 세관 검사를 받는데, 이때 판매용이 아니라 자가 사용이라고 잘 설명하면 눈감아주기도 한다. 그러나 제품의 양이 너무 많거나 시계와 같은 고가의 제품이 있을 때는 정식으로 수입 신고를 해야 한다.

짐 찾는 곳에서 수화물이 나올 때 노란색 테이프로 가방이 묶여 있거나 노란색 큰 자물쇠가 채워져 있다면 곧바로 세관 검사를 받아야 한다. 노란 자물쇠에서는 음악 소리가 나기 때문에 처음엔 범죄를 저지른 것처럼 창피

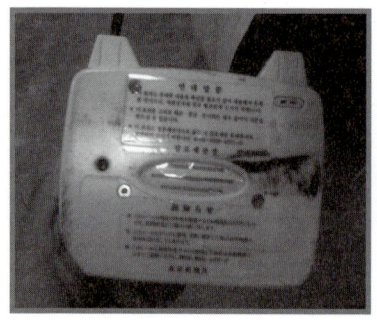
▶ 세관 검사 요망 가방에 걸리는 노란색 자물쇠

▶ 자물쇠가 걸리지 않는 박스에 붙는 세관 검사 요망 스티커

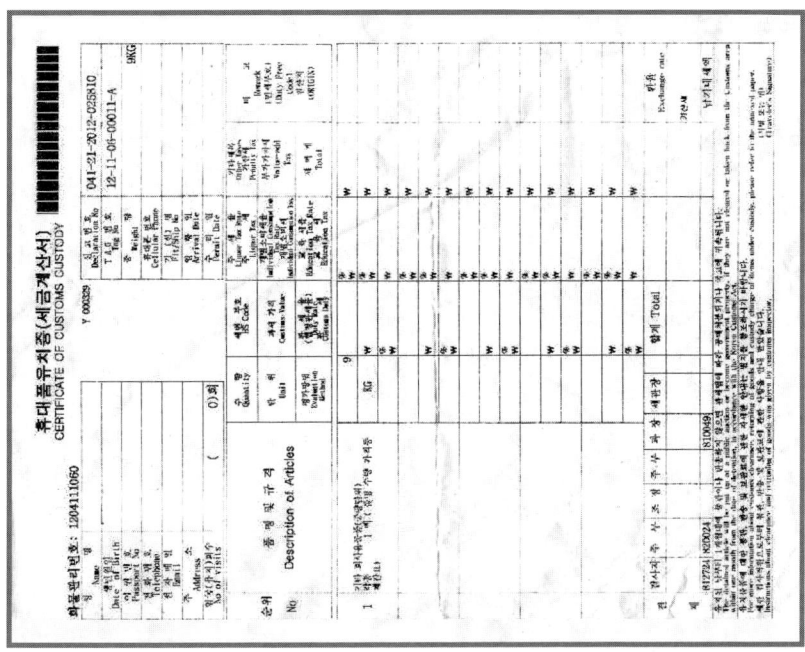

> 휴대품 유치증

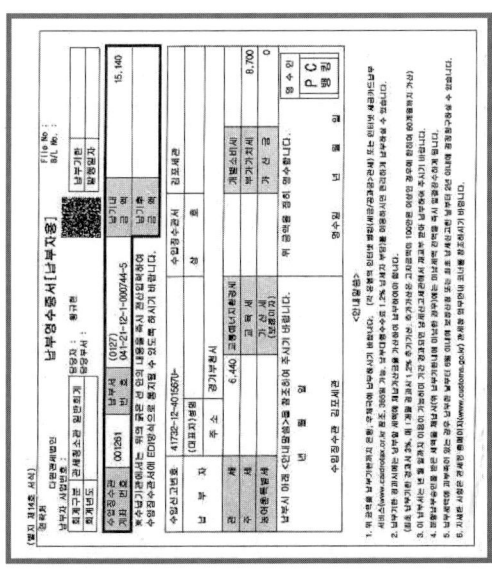

> 관세, 부가세 납부 영수증

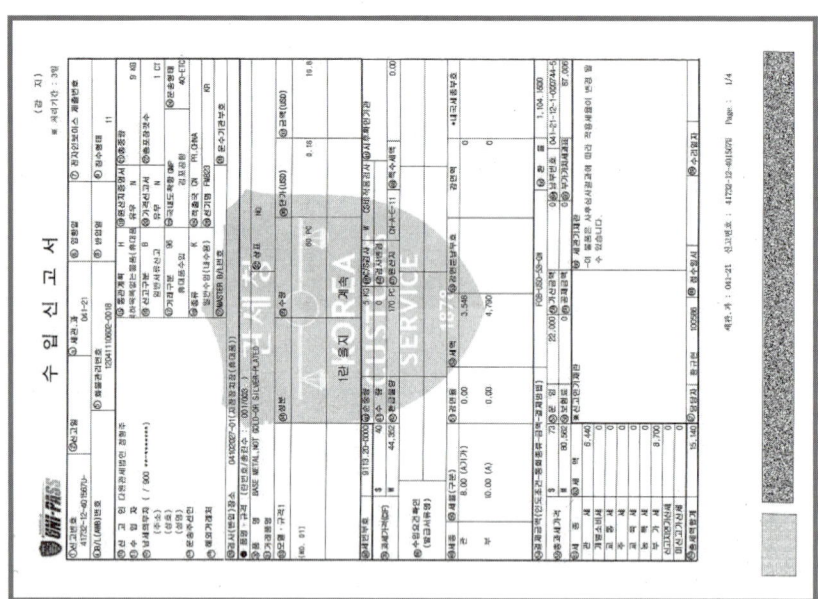

> 휴대 물품 수입 신고서

> 전자 세금 계산서

하고 부끄럽기도 하다. 하지만 노란 자물쇠가 채워져 있다고 해서 무조건 세금을 물거나 벌금을 내야 하는 것은 아니다. 엑스레이상 국내 반입 불가로 의심되는 품목이나 판매 목적으로 구입되는 제품 혹은 가짜 브랜드 제품으로 추정되는 제품이 있다고 보이기 때문에 검사를 받는 것이다.

세관원 검사 때 자가 사용이나 샘플로 인정되면 곧바로 국내 반입이 가능하다. 그러나 양이 너무 많거나 금액이 비싼 제품은 정식 통관을 하게끔 휴대품 유치증을 발급해주고 세관에서 물품을 보관한다. 그러면 제품을 구매했던 영수증이나 인보이스를 토대로 바로 옆에 있는 여행자 휴대품 통관하는 곳에서 관세사를 통해 정식 수입 신고를 하면 된다. 인보이스나 영수증이 없거나 관세사가 퇴근한 시각이면 다음 날 다시 관세사에게 서류(휴대품 유치증과 상업 송장 또는 제품 영수증)를 전달해서 수입 신고를 하면 된다. 신고가에 따른 관세, 부가세를 관세사를 통해 납부하면 수입 신고가 수리된다. 그러면 전자 세금 계산서와 납부 영수증 그리고 수입 신고서를 준다.

이때 관세, 부가세를 낸다고 무조건 승인이 떨어지는 것은 아니다. 세관 검사 중에 원산지 표기가 되어 있지 않으면 원산지 표기를 수정해야 하며 전기 승인 안전 검사 등의 검사를 받아야 되는 품목은 개인 용도로 사용한다는 사유서를 작성하거나 검사 인증서를 제출해야 물건을 받을 수 있다.

## 03 _ 수입 시 유의할 점

### 수입 신고 검사 대상 품목 확인

중국에서 무역을 해본 사람들은 완구와 유아 용품은 검사 품목이고, 식품은 식약청 안전 검사를 받아야 하며, 검사 비용은 건당, 품목당 30~50만 원 정도 들어간다고 하지만, 실제로 검사가 필요 없는 제품인 경우에도 검사를 받아야 한다고 생각해서 물건을 들여오지 못하거나, 안전 인증이 필요한데도 그냥 들여오다가 세관에서 문제가 생기는 경우를 많이 보았다. 비용도 아이템이나 검사 품목별로 다르기 때문에 수입하는 화주 본인이 수입하려는 품목을 정확하게 확인해보는 것이 가장 좋다. 인터넷 검색창에 기술표준원을 치면 지식경제부 기술표준원www.kats.go.kr 홈페이지가 뜬다.

사이트 메인 화면에서 제품 안전을 누르면 좌측에 전기 용품과 생활 용품에 대한 안전 인증 기준이 나온다. 이곳에서 자신이 수입하고자 하는 품목을 찾아보고, 검사 기관을 확인한다. 검사 기관마다 비용과 기간이 다르기 때문에 세부 내용은 검사 기관에 직접 물어보면 된다.

식품이 아니더라도 컵이나 그릇, 수저와 같이 입에 닿는 모든 품목은 식약청 위생 검사를 받아야 하고, 검사받기 전에 이런 품목을 수입하려 한다면 '식품 등 수입 판매업'에 대한 영업 신고를 관할 시군구청 위생과에 신청하고, 식품산업협회에서 위생 교육을 받아야 한다.

검사 가능한 기관은 지역별로 많은데, 먼저 식품의약품안전청www.kfda.go.kr 사이트에 들어가서 메인 페이지 상단 오른쪽에 있는 정보 자료를 클릭하면 시험 검사 기관을 알 수 있다. 그곳에서 식품 위생 검사 기관을 한 번 더 클릭하면 지역별로 검사 기관이 뜬다. 검사 비용이나 검사 기간은 검사 기관에 직접 문의해보는 것이 좋다.

### 원산지 표기의 중요성

수입 물품의 원산지 표기는 물품이 어느 국가에서 생산, 제조되었는지를 소비자가 유통 단계에서 확인할 수 있도록 도입된 제도로, 원산지 표기가 부적절하거나 표시되지 않은 경우에는 국내 보세 창고에서 원산지 표기 보수 작업을 해야 한다. 이때 물건 가격보다 더 많은 비용이 드는 경우가 있기 때문에 원산지 표기는 중국에서 완벽하게 마무리지어서 수입해야 한다. 또 원산지가 미표시되어 있는 경우 두 번째 적발되면 과징금까지 부과된다.

필자도 원산지 표기가 제대로 되어 있지 않아서 세관에서 보수 작업 명령을 받은 적이 있었다. 그렇게 되면 작업할 아주머니도 불러야 하고, 포장을 다 뜯다 보니 물건에 흠집이 생기거나 장식이 빠지거나 때가 타기도 했다. 아주머니 하루 일당도 55000원 정도인데, 액세서리 1만 개 정도를 원산지 표기 작업을 다시 하게 되면 아주머니 다섯 명이 꼬박 3일이 걸린다.

이런 경우가 자꾸 생기면 과징금까지 부과되어서 물건 값보다 통관 비용이 더 나오기도 한다. 의류나 가방 같은 경우는 원산지 표기가 박음질되어

> 인천항 보세 창고 물건을 찾아가지 않는 제품들도 꽤 있다.

있어야 하는데, 보수 작업 명령이 떨어지게 되면 전부 다시 박음질을 해야 하기 때문에 보수 비용이 많이 든다. 보수 비용 때문에 보세 창고에 있는 물건을 찾아가지 않고 포기하는 사례도 종종 있다.

### 특허등록, 상표 및 디자인 등록 여부 확인

유명 브랜드의 모조품은 무조건 반입이 금지되어 있다. 이런 제품은 샘플이라도 적발되면 전량 압수, 폐기된다. 또한 세관 기록에 남기 때문에 재적발 시에는 과태료도 지불해야 한다. 구매 단가보다 판매 단가가 높아서 모조품의 유혹에 빠지는 사람이 많다. 주변에도 짝퉁 제품만 취급해서 쉽게 돈을 버는 사람이 있었지만, 이내 세관에 적발되어서 한순간에 무너지는 것을 보기도 했다. 그러니 모조품에는 처음부터 관심을 가지지 않는 것이 좋다. 패션 액세서리 잡화에 속하는 시계는 모조품이 아니더라도 고가 품목이기 때문에 세관에서도 주요 단속 대상이다.

누가 봐도 유명 브랜드 제품인 경우를 제외하고도 수많은 브랜드들이 있다. 때때로 중국 공장에서 자체적으로 만든 브랜드도 아주 고급스러워서 명품 카피 제품으로 착각하는 경우가 있다. 이처럼 괜찮은 제품을 찾거나 상표가 붙어 있는 제품을 찾았을 경우에는 한국특허정보원 특허정보검색서비스 www.kipris.ok.kr에서 수입이 가능한 상표인지, 혹은 디자인 등록, 특허나 실용신안이 등록되어 있는 제품은 아닌지 확인해봐야 한다.

특허정보검색창에 상표명이나 아이템명을 기입하고 검색하면 관련 정보를 찾을 수 있다. 예를 들어 '가방'이라고 입력하면 특허나 디자인 등록이 되어 있는 가방 디자인, 원단 패턴 디자인 등을 찾을 수 있는데, 세부적인

> 나이키 이미테이션 제품

> 유명 명품 브랜드 불가리의 모조품

아이템 명칭을 알고 있다면 세부 명칭으로 검색하는 것이 좋다.

필자와 함께 중국 소싱 조사단에 참가했던 어떤 사람은 중국에서 제품을 사입해서 국내 오픈마켓에서 판매하려고 제품을 등록했는데, 제품을 등록한 지 며칠 되지 않아서 판매자 고객센터에서 현재 등록되어 있는 제품은 디자인 등록이 되어 있으므로 다른 판매자의 요청으로 제품을 내려달라는 전화가 와서 급하게 내린 적이 있다고 했다. 브랜드 상표나 유명 디자이너 제품인 경우는 민사 소송을 당하기도 한다. 제품에 따라 차이가 있지만, 유명 브랜드나 유명한 디자인일 경우는 합의금이 상당히 크기 때문에 미리 검색해서 수입 가능성을 알아봐야 한다.

# 10장
## 품목별 주요 추천 매장

**광저우 추천 매장**

### 디퓨저
- **상호:** 民发精品(MINFA AROMA)
- **주소:** 广州市越秀区解放南路39号万菱广场2B-071铺
- **전화:** 020-8328-1519
- **핸드폰:** 137-9442-8936
- **홈페이지:** www.minfajp.com
- **E-mail:** mingfajp1968@126.com
- **취급 품목:** 고급 방향제 디퓨저 전문 공장
- **특징:** 디자인당 10개가 최소 발주량인데 대비 품질이 좋다. 가격은 10~30위안이다

### 파우치 및 벨트 도매점
- **상호:** 广龍皮具
- **주소:** 广州市白云区梓元岗路梓元南街8
- **전화:** 020-3668-3101
- **핸드폰:** 139-2505-3768
- **취급 품목:** 뱀가죽 스타일 파우치 및 가죽 벨트 전문
- **특징:** 대부분 재고가 있으며, 재고가 있는 제품들은 수량에 관계없이 구매 가능하다. 가격대는 개당 20~25위안이다.

### 캐릭터 상품
- **상호:** 金聲企業
- **주소:** 广州市解放南路39号万菱广场 1B-031
- **전화:** 020-6265-6773
- **핸드폰:** 134-3425-7141
- **취급 품목:** 캐릭터 상품 전문
- **특징:** 재고 있는 제품은 바로 구매 가능하며, 재고가 없는 제품은 100개로만 맞추면 발주가 가능하다. 가격대는 개당 15~22위안이다.

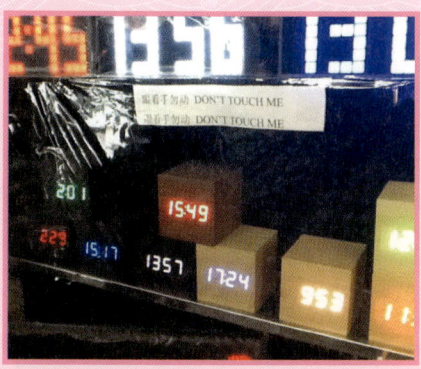

### LED 시계 및 USB 용품
- 상호: 中国广州春秋电子制品厂
- 주소: 广州市解放南路 39号万菱广场二楼 A区051档
- 전화: 020-6265-6007
- 핸드폰: 134-2446-2293
- 홈페이지: www.jkco888.com.cn
- 취급 품목: LED 시계 및 USB 용품
- 특징: 재고가 있어서 여러 가지 컬러를 섞어서 박스당 50개로만 맞추면 발주가 가능하다. 가격대는 LED 시계 개당 34~43위안이다.

### 피규어
- 상호: 东杰玩具商行(DONG JIE TOY TRADING CO., LTD)
- 주소: 广州市一德路国际玩具文具精品广场一楼 C1032档
- 핸드폰: 139-2506-4598
- 홈페이지: zheng.cn.love.photo.163.com
- E-mail: phj1977@vip.163.com
- 취급 품목: 각종 피규어 전문
- 특징: 낱개로 구매가 가능하며, 가격은 개당 5~20위안대 제품들이 많다.

### 아동복
- 상호: 多宝贝
- 주소: 广州市中山八路61号富力儿童世界3060档
- 전화: 020-8101-0426
- 핸드폰: 136-0007-1105
- 홈페이지: yangcongmama.cn.alibaba.com
- E-mail: yangcongmama@live.cn
- 취급 품목: 아동복, 유아복, 아동 잠옷, 속옷
- 특징: 남대문 시장에 납품하는 아동복의 대부분을 취급하고 있다. 홈페이지만 봐도 한국적인 디자인의 아동복이 많다. 실제 매장에 가서 단가를 흥정하면 더욱 저렴하다.

### 아이디어 용품
- 상호: 時尚比德有限公司
- 주소: 广州市解放南路39号万菱广场三楼A区3A093室
- 전화: 020-8328-0369
- 핸드폰: 139-2225-4438
- 홈페이지: www.gzbide.com
- 알리바바: duopin2.1688.com/
- E-mail: ssbide@163.com
- 취급 품목: 각종 아이디어 상품
- 특징: 비슷한 품질을 파는 곳은 많이 있지만 가격 대비 품질이 가장 우수하다. 매장보다 알리바바나 홈페이지상에 제품들이 더 많이 있지만 단가는 실제 매장에서 흥정하는 편이 더 저렴하게 받을 수 있다.

### 아이패드 케이스
- 상호: 丹妮尔
- 주소: 广州市解放南路39号万菱广场二楼2A020档
- 전화: 020-6265-6434
- 핸드폰: 138-2501-5333
- E-mail: dne668@163.com
- 취급 품목: 아이패드를 위주로 한 태블릿 케이스 및 액세서리
- 특징: 사장과 직원들이 불친절하고 성의 없는 태도를 보인다. 하지만 비슷한 종류의 아이패드 케이스를 파는 다른 곳보다 이곳의 제품이 가격 대비 품질이 우수하다. 최소 발주량은 칼라별 50개이며 200개를 주문하면 열 가지 칼라를 혼합해서 구매도 가능하다.

### 다용도 스카프
- 상호: HUNDRED LUCKY STAR
- 주소: 广州市解放南路39号万菱广场三楼3B044档
- 전화: 020-8332-3975
- 핸드폰: 136-6899-0908
- E-mail: B.F.Star@hotmail.com
- 취급 품목: 다용도 스카프 및 시장 바구니용 천 쇼핑백
- 특징: 현재 매장이나 창고에 재고가 있는 제품은 수량에 관계없이 제품을 구매할 수가 있기 때문에 소량 샘플 사입이 가능하다. 시장 바구니용 쇼핑백은 천으로 되었기 때문에 휴대하기 편리하고, 가격도 5~8위안이어서 판촉용으로 많이 쓰인다.

### 가죽 원단
- 상호: 金源皮业
- 주소: 广州市越秀区岗头大街50盈富国际五金皮料第一城B区1054档
- 전화: 020-6218-6526
- 핸드폰: 139-2511-1605
- 취급 품목: 소가죽, 송아지 가죽, 양가죽 및 수입 가죽
- 특징: 가죽은 주문을 해야 하지만 가죽 원단이 있는 경우는 필요한 만큼 절단해서 판매하기도 한다. 가격은 일반 소가죽이 평당 10~15위안이며 수입 소가죽인 경우는 평당 48위안 정도 한다.

### 속눈썹
- 상호: Shun Ney
- 주소: Ming Quan Industrial Building Ming Quan Street Baiyun District Guangzhou
- 전화: 020-3665-0714
- 핸드폰: 137-9808-6371
- E-mail: khsysy@163.com
- 취급 품목: 속눈썹 및 속눈썹 연장 도구 및 자재
- 특징: 소량 샘플 사입이 가능하며 최소 200개 이상을 구매하면 제품 로고 변경이 가능하다. 직접 공장을 운영하고 있기 때문에 제품을 발주해도 4~5일이면 제품을 받을 수 있다.

### 여성용 핸드백
- 상호: 欣嵘皮具有限公司
- 주소: 广州市解放北路1339号森嘉皮具商务大厦三楼3828档
- 전화: 137-1926-8170
- 핸드폰: 186-7586-5886
- E-mail: xjlleather888@yahoo.cn
- 취급 품목: 여성용 인조 가죽 핸드백
- 특징: 사장과 직원들이 기본적인 영어를 하기 때문에 간단한 의사소통이 가능하다. 최소 발주량은 칼라당 50개이지만, 한번 주문이 진행되면 10~20개도 발주할 수 있다.

### 가죽 핸드백 및 파우치
- 상호: 星雅皮具
- 주소: 广州市解放北路1339号圣嘉皮具城二楼2A378-1档
- 전화: 158-2027-1943
- 핸드폰: 137-2514-6691
- 취급 품목: 소가죽 및 양가죽 핸드백, 파우치, 지갑
- 특징: 모든 제품이 진짜 소가죽과 양가죽이다. 재고가 있는 제품은 디자인당 1~2개씩 소량 구매가 가능하며, 발주는 총 10개 이상이면 가능하다. 납기일도 빠른 편이다.

### 자동차 용품 및 액세서리
- 상호: 诚安汽车用品商行
- 주소: 广州市永福路79号倚云汽车用品广场三期F204-205档
- 전화: 020-8721-1268
- 핸드폰: 136-0286-3959
- 홈페이지: CEDAR.123go.cn
- E-mail: CEDAR.002@163.com
- 취급 품목: 자동차 용품 및 각종 자동차 액세서리
- 특징: 주로 중국 현지 내수 거래 업체가 많기 때문에 다른 곳보다 단가나 품질이 좋다. 발주 수량은 제품별로 차이가 있으며 100~1000개 정도다. 5만 가지의 차량 용품을 취급한다.

### 여성복
- 상호: 森衣服饰
- 주소: 广州市十三行红遍天服装交易中心四楼上海路59档
- 전화: 132-5026-6972
- 핸드폰: 134-3380-7206
- 취급 품목: 여성용 니트 전문
- 특징: 스산항에 있는 홍비엔티엔 의류 도매 상가에 있는 업체로 동대문 청평화의 도매 상가로 납품하는 업체다. 한국 도매상과 같이 2~3장씩 구매가 가능하다.

## 이우 추천 매장

### 담요
- 상호: 丹发国际家纺(DANFA)
- 주소: 义乌国际商贸城5区二楼3街 61395店面
- 전화: 0579-8106-1405
- 핸드폰: 137-3560-9217
- QQ: 358811258
- 취급 품목: 담요, 수건 및 침구류 전문
- 특징: 공장 직영이라서 최소 발주량이 작고 재고가 상당수 있다. 한국으로 수출하는 제품들도 있기 때문에 품질과 디자인은 어느 정도 검정된 업체이다. 가격대는 개당 15~25위안이다.

### 넥타이
- 상호: 浙江嵊州市万盛服饰有限公司
- 주소: 义乌国际商贸城 三期4区三楼 10街 41890, 41891商位
- 전화: 0579-8555-3949
- 핸드폰: 130-6591-8980
- E-mail: majidong@yahoo.com
- 취급 품목: 각종 넥타이
- 특징: 재고가 있는 제품들은 묶음당 구매가 가능하다. 넥타이 묶음당 수량은 한 컬러로 20개이기 때문에 부담이 없고 여러 가지 디자인을 사입할 수 있다. 가격대는 개당 1.5~3위안이다.

### 장갑
- 상호: 靓中美工艺手套
- 주소: 义乌国际商贸城四区二楼 26街 38020店
- 핸드폰: 137-0579-9110
- 취급 품목: 각종 캐릭터 장갑 및 기본 털장갑
- 특징: 나이 지긋한 여자 사장이라 홈페이지나 이메일로 오더 진행이 힘들지만, 최소 수량이 디자인당 100~180개이면서 한 디자인당 여섯 가지 컬러를 혼합할 수 있기 때문에 첫 주문 시 부담이 적다. 토끼나 곰 인형 달린 장갑이 켤레당 8~8.8위안이다.

### 캠핑용품
- 상호: 盛源旅游用品(SHENGYUAN TOURIST GOODS)
- 주소: 义乌国际商贸城 二期 F1-10494号
- 전화: 0579-8519-09605
- 홈페이지: www.shengyuanweb.com
- E-mail: lsy.zj721103@163.com
- 취급 품목: 캠핑용품 전문
- 특징: ISO 인증을 받은 업체이며 가격 대비 품질이 우수하다. 공장 직영 업체이다.

### 필통
- 상호: 佳乐文具
- 주소: 义乌国际商贸城三区H1-22113(东56号门 12街)
- 전화: 0579-8516-2113
- 핸드폰: 130-6598-9888
- 취급 품목: 헝겊 천 필통 및 볼펜
- 특징: 재고가 있는 제품은 소량으로도 구매가 가능하다. 사진에 있는 앵그리버드 필통 개당 2.3위안이다.

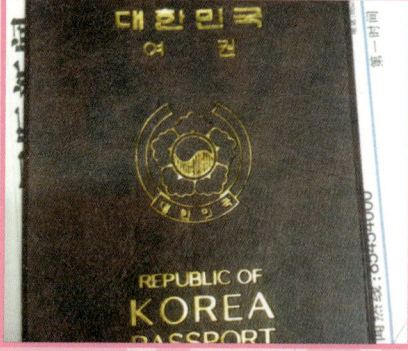

### 여권 케이스
- 상호: 永生文具
- 주소: 义乌国际商贸城H区 东52号门 二楼 11街 23994店面
- 전화: 0579-8516-8655
- 핸드폰: 150-5796-5255
- E-mail: lvzuosheng@126.com
- 취급 품목: 여권 및 신분증 등 케이스, 사원 카드 전문 도매
- 특징: 3천 개가 최소 발주량이며 최소 발주량 수량에 원하는 회사 로고나 문구 등을 인쇄할 수 있기 때문에 판촉물로 적당하다. 사진에 나온 여권 케이스 개당 0.7위안이다.

### 아웃도어 밀리터리 용품
- 상호: 甬昌实业
- 주소: 义乌国际商贸城G区 与 H区连接体二楼 H2-23576
- 전화: 0579-8556-3772
- 핸드폰: 135-1699-0771
- 홈페이지: www.wowoods.com
- E-mail: dongwen_zu@126.com
- 취급 품목: 밀리터리 아웃도어 캠핑 용품 및 의류
- 특징: 재고가 있는 품목은 바로 구매 가능하며, 품질이 가격 대비하여 아주 좋다. 종류와 디자인도 매우 많다.

### 팔 토시
- 상호: 蓝玫圣雅
- 주소: 义乌国际商贸城三期四区83号门 4楼 4街 46233店
- 전화: 0579-8155-1382
- 핸드폰: 158-0589-3988
- 취급 품목: 팔 토시, 발 토시 전문
- 특징: 나이가 많은 여자 사장이라 홈페이지도 없고 메일로 발주가 불가능하지만, 재고가 있는 제품은 수량에 관계없으며, 팔 토시는 9위안이다.

### 원목가구
- 상호: 中国义乌千万日用五金百货商行 (QIANWANBAIHUO CO.,LTD)
- 주소: 义乌国际商贸城二区 4楼 (F4-19271)
- 전화: 0579-8519-9406
- 핸드폰: 136-0689-1678
- QQ: xiangxiang@126.com
- 취급 품목: 원목가구
- 특징: 소량씩 구매가 가능하다 공장 직영이라서 단가가 저렴하다.

### 아동용 교구 용품
- 상호: 广州四喜人玩具有限公司(GUANG ZHOUS-UPKLDS CO.,LTD)
- 주소: 义乌国际商贸城 E1-2725
- 전화: 0579-8528-1905
- 핸드폰: 159-6794-5472
- 홈페이지: www.sixirenen.com
- E-mail: ywsixirentoys-2725@hotmail.com
- 취급 품목: 아동용 원목 교구, 유치원 교재 용품
- 특징: 유아용 원목 교구와 아동용품이 다양하게 있으며 최소 구매수량은 품목별 1박스이다. 유럽에 수출을 많이 하고 있다.

### 카드 및 카지노 칩
- 상호: 叶子棋艺商行
- 주소: 义乌国际商贸城 二期 H2-23545商位
- 전화: 0579-8528-7104
- 핸드폰: 159-8852-0911
- E-mail: yexuiling@163.com
- 취급 품목: 체스, 바둑, 장기, 카드게임 및 카지노 용품
- 특징: 사진에 있는 카드와 카지노칩 세트가 20위안이고 최소 주문량이 1000개다. 고급 체스 세트는 80~280위안이다. 체스는 최소 주문량이 25개다.

### 저울
- 상호: 博博衡器
- 주소: 义乌国际商贸城H区二楼连接体 H2-23540店面
- 전화: 0579-8516-1381
- 핸드폰: 133-3596-9773
- E-mail: boboscale@hotmail.com
- 취급 품목: 체중계 및 정밀 전자 저울
- 특징: 도매 상가 주인이 한국인이다. 한국에서 중국어 선생님 이었던 부인을 만나서 지금은 이우에서 매장을 운영하고 있다. 각종 저울을 취급하고, 최소 수량도 20개로 많지 않으며, 품질도 좋고 가격도 적절하다. 사진에 있는 전자 저울 가격은 23~34위안이다.

### 저금통
- 상호: 泉州大和金屬包裝制品有限公司
- 주소: 义乌国际商贸城二期二楼 H2-25110店
- 전화: 0579-8516-5110
- 홈페이지: www.daheco.com
- E-mail: cairongfu@vip.163.com
- 취급 품목: 각종 철제 저금통 전문 도매상
- 특징: 대부분 박스당 60개씩 들어 있으며 디자인당 한 박스만 발주할 수 있다. 가격대는 개당 3~5위안이다.

### 무선 헬리콥터 RC카, 드론
- 상호: 勇军玩具有限公司(YONGJUN TOYS)
- 주소: 义乌国际商贸城期连接体 70号门二楼 34129店面
- 전화: 0579-8529-6972
- 핸드폰: 137-0579-2370
- 홈페이지: www.zjgelai.com
- E-mail: www.yongjuntoys1688.com
- 취급 품목: 무선 RC카, 헬리콥터, 드론 등
- 특징: 낱개 구매가 가능하며 도매 최소 단위는 한 박스씩 구매해야 된다. 한 박스당 6~20개 정도가 들어 있다.

### 벽시계
- 상호: 优利时钟
- 주소: 义乌国际商贸城二期 G3-18721店面(7街)
- 전화: 0579-8518-5998
- 핸드폰: 138-6790-1388
- 홈페이지: www.youli-clock.com
- E-mail: youli77@gmail.com
- 취급 품목: 각종 벽시계
- 특징: 제품당 10~20개 정도가 최소 발주량이며 가격대는 개당 15~150위안으로, 다양한 제품들이 많다.

| 에필로그 |

　중국에서 거주한 4년을 포함해서 9년 동안 중국을 왔다 갔다 한 경력이 있는 필자도 중국 무역을 하면서 수많은 크고 작은 사기를 당했다. 특정 지역이 아니라 여러 지역의 중국인으로부터 억울하게 돈도 많이 뜯겨보고 배신도 많이 당해봤다.

　물론 중국인뿐만 아니라 중국에 있는 한국인들, 한국어와 중국어 모두 능통한 조선족에게 당하기도 했다. 공장에서 물건이 모두 나와 검품까지 끝났다며 빨리 잔금을 입금시키라는 말에 서둘러 입금하고 물건을 기다리는데 입금이 확인되자 모든 연락처를 바꿔버리고 잠적해버리는 무역 회사, 도매시장에서 제품 발주를 하고 계약금을 지불하고 제품 생산을 기다리는데 이런저런 핑계를 대며 제품 생산을 늦추더니 급기야는 못하겠다고 하면서 계약금도 환불해주지 않고 배짱부리는 도매 거래처, 제품 생산 계약을 하고 30%의 선금을 입금하고 중간에 직접 공장에 가서 제품을 확인했는데도 막상 선적 때는 불량품을 선적해서 보내는 공장도 있었다. 두 번 다시 중국은 쳐다보기도 싫을 정도였다.

그런데 당하다 보니 더욱 오기가 생겼다. 당한 만큼 갚아주겠다는 마음도 생겼다. 당한 것이 억울해서 중국인들에게 호의를 베풀거나 작은 돈이라도 내주는 것을 아까워한 적도 있었다. 잔돈 1~2위안을 거슬러주지 않는 중국 택시 기사들에게 화를 내서 기어코 잔돈을 돌려받기도 했고, 원래 결제해줘야 할 금액에서 30위안을 몰래 추가한 거래 명세표 때문에 중국 하청 업체 사장과 멱살 잡고 싸운 적도 있었다.

돈 때문에 사기당했던 것보다 더 힘들었던 것은 믿었던 사람에게 배신당하는 일이다. 몇 년 동안 거래했던 조선족 친구가 있었다. 나이도 같았고 마음이 잘 맞아서 오랫동안 거래를 했다. 그런데 하루아침에 연락이 두절되었다. 보낸 메일은 수신하긴 했지만 답장이 없었고, 핸드폰은 없는 번호라고 했다. 오더를 진행하고 있는 상태였기 때문에 꽤 큰 금액이 선금으로 들어가 있었다. 중국에 직접 들어가서 사무실도 찾아가봤지만 벌써 옮기고 없었다. 오랜 시간 동안 평범한 거래처 이상으로 친분과 신뢰를 쌓고 있었다고 믿고 있었는데, 믿는 도끼에 발등을 찍힌 격이었다.

금액이 크고 작고를 떠나서 신뢰의 나무가 뽑힌 상처는 좀처럼 치유되지 않았다. 중국인이 싫고, 중국이 싫었다. 중국에 거주할 때도 외국인이라는 이유로 여러 가지 불합리한 대우를 받을 때는 중국이라는 나라를 증오한 적도 있었다. 그런데 중국에서 사업을 하면서 정말 힘들 때 나를 도와준 사람은 같은 민족인 한국인도 아닌 중국인이었다.

고정적으로 거래하던 바이어에게 갑자기 클레임을 받고 힘들어할 때, 엎친 데 덮친 격으로 당장 내일 선적 나가야 될 물건인데 밤새 도둑이 들어서 5만 달러가량 없어진 적이 있었다. 고정 거래하던 바이어는 클레임을 이유로 기존 선적 대금도 지불하지 않았고, 이제 거래를 시작한 바이어의 물건은 하루아침에 사라져버렸으니, 앞이 깜깜했다. 결제를 해줘야 할 거래처들은 많았고 돈이 들어올 곳은 없었다. 그동안 몇 달 동안 외상 거래를 해줬던 거래처도 어떻게 알고 왔는지 예전부터 밀린 대금을 한 번에 갚으라고 아우성을 쳐댔다. 회사가 잘나갈 때는 잘 부탁한다며 머리를 조아리던 납품처도 이제는 멱살을 붙잡고 빨리 돈을 만들어 오라고 난리를 쳤다. 회사가 힘들다는 소문이 도니까 주변 사람들도 행여나 돈 빌려달라고 할까 봐 슬슬 피했다. 오더가 없는 것도 아니었고 바이어에게 들어올 돈이 아예 없는 것도 아니었는데, 한순간에 망해가는 회사로 찍혀서 아무도 도와주려고 하지 않았다.

 조금만 버티면 된다는 실낱같은 희망도 무참히 밟혔다. 월급 한 번 밀린 적이 없었던 공인들도 회사를 떠났다. 모두가 나에게 등을 돌렸다. 그때 유일하게 나를 도와준 사람은 한국인이 아닌 중국인이었다. 전부터 3년 넘게 같이 일했던 현장 관리자였는데, 3만 위안이 들어 있는 봉투를 주면서 일단 급한 곳에 쓰라 했다. 한 달 월급이 3천 위안이었던 그 친구에게는 1년치 월급인데, 거금을 아무 조건 없이 주는 그에게 고마움보다는 미안한 마음이 더 컸다. 그뿐만이 아니라 한국인들은 망하면 야반도주한다며 밤에도 집 근처를 서성대며 협박하던 중국 거래처로부터 나를 보호해주고, 그들에게 빨리 가라고 소리치며 대신 싸우기도 했다. 중국인이 한국인을 위해 중국인과 싸워준 것이다. 상대방이 하는 중국어를 정확하게는 듣지는 못했지만, 중국인이 한국인 편을 든다며 밤길 조심하라는 말도 하는 것 같았다. 친하게 지내긴 했지만 피 한 방울 섞이지 않았고 심지어 태어난 나라조차도 다른 그 친구의 헌신적인 도움과 배려로 암흑과도 같았던 어려운 고비를 간신히 넘길 수 있었다. 지금도 그때 일을 회상하면 머리가 지끈거릴 정도로 힘든 상황이었는데, 어떻게 그렇게까지 도와주었는지 이해되지 않을 정도다.

물론 그전에 그 친구가 어려운 상황이었을 때 신경을 써주긴 했어도, 그 친구와 계속 일하고픈 조금은 계산된 행동이었음을 부정할 수는 없었다. 그래서 그의 순수하고 헌신적인 행동이 더 큰 감동으로 다가왔고, 스스로가 너무 부끄러웠다. 왜 그렇게 나를 도와주었는지 이유를 물었더니, 자신이 힘들 때 내가 도움을 줬던 것이 고마웠기 때문에 당연한 행동을 한 것이라며 피식 웃었다. 나에게 거짓말을 하고 뒤통수를 쳤던 사람도 중국인, 같은 민족인 한국인도 도와주지 못했던 힘든 상황에서 나에게 도움의 손길을 내민 것도 중국인이었다.

흔히 중국, 중국인 하면 떠올리는 이미지나 편견이 있다. 중국 물건도 마찬가지다. "중국 물건이 다 그렇지, 뭐"라며 부정적으로 바라보곤 한다. 하지만 똑같은 사람이고, 똑같은 물건이다. 우리나라에서 만들어도 불량 제품은 꼭 있다. 편견이나 부정적인 시각으로 중국 사람이나 중국 물건을 대하면서 중국 무역을 오래하는 사람은 없다. 내가 먼저 그들에게 진정성 있게 행동하고 파트너이자 협력자라는 것을 보여주면, 그 대상이 사람이건 물건이건 간에 보답을 해주는 것 같다.

이 책을 쓰며 큰 바람은 없다. 다만 한없이 부족한 원고라도 이 글을 읽는 독자들이 중국 무역, 중국인, 중국 물건에 대한 거부감이나 두려움에서 벗어난다면 필자에게는 큰 기쁨이 될 것이다. 끝으로 바쁜 일정으로 기약 없이 미루던 원고를 인내하며 기다려주고 격려해주며 방향을 잡아준 e비즈북스 출판사에 감사의 말을 전하고 싶다.

## 광저우 전체 주요 시장 분포도

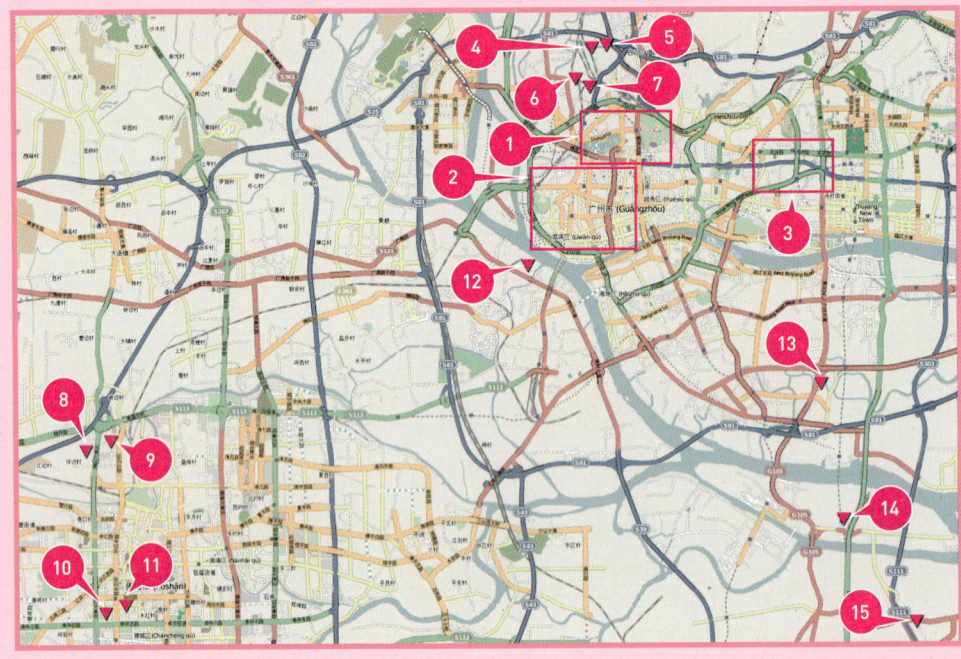

❶ 광저우 주요 시장(꾸이화강, 짠시루, 짠첸루) 지도 참고
❷ 광저우 주요 시장(중산빠루, 타이캉루) 지도 참고
❸ 광저우 주요 시장(싸허, 용푸루) 지도 참고
❹ 스취엔스메이 국제 장식 재료 시장(十全十美国际装饰城)
❺ 오우야따 아웃렛(欧亚达家居)
❻ 야오이 국제 차 도매시장(耀亿国际茶叶批发城)
❼ 진푸 철물 도매시장(金富五金批发市场)
❽ 광둥성 콰이지에 자동차 용품 시장(广东省快捷汽车配件市场)
❾ 화난 철물 가전성(华南五金电器城)
❿ 화이 장식 재료 시장(华艺装饰材料市场)
⓫ 지엔춘 아동복 도매시장(简村童装批发市场)
⓬ 방촌 차 시장(芳村茶业城)
⓭ 중따 원단 도매시장(广州国际轻纺城)
⓮ 신지샤시 호텔 용품 시장(信基沙溪酒店用品博览城)
⓯ Best 아웃렛 매장

광저우 주요 시장(꾸이화강, 짠시루, 짠첸루)

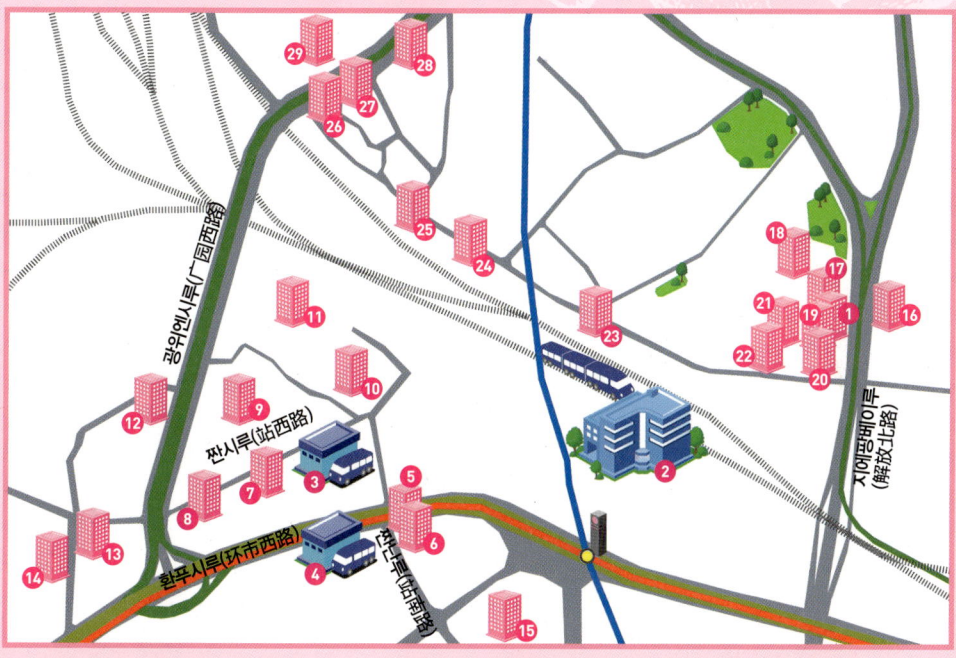

❶ 꾸이화강(桂花岗)
❷ 광저우 기차역(广州火车站)
❸ 광동성 버스터미널(省汽车客运站)
❹ 광저우시 버스터미널(广州汽车客运站)
❺ 티엔마(天马)
❻ 바이마(白马)
❼ 후이메이 국제복장성(汇美国际服装城)
❽ 완통 복장 시장(万通服装市场)
❾ 쭈어메이 복장 도매시장(卓美服装批发市场)
❿ 짠시 시계성(站西钟表城)
⓫ 왕자오 시계성(旺角钟表城)
⓬ 베이청 신발 재료성(北城鞋材城)
⓭ 광저우 세계국제무역센터(广州环球国际商贸中心)
⓮ 광저우 국제신발광장(广州国际鞋业广场)
⓯ 광저우 류화 복장 도매시장(广州流花服装批发市场)
⓰ 바이윈피쥐청(白云世界皮具中心)
⓱ 이쎈피쥐청(亿森皮具城)
⓲ 찐이 피혁 광장(金亿皮具广场)
⓳ 성지아 피혁 센터(圣嘉皮具商易中心)
⓴ 꾸이화루피쥐청(桂花楼皮具城)
㉑ 신싱피쥐샹마오청(新兴皮具商贸城)
㉒ 신동하오피쥐청(新东豪皮具城)
㉓ 후이하오피쥐청(汇豪皮具城)
㉔ 잉푸우진 가죽 자재 상가(盈富五金皮料城B2)
㉕ 잉푸우진 가죽 자재 상가(盈富五金皮料城B1)
㉖ 잉푸와이 복장성(盈富外贸服装城)
㉗ 롱토우 가죽 자재 시장(皮料五金龙头市场)
㉘ 신하오판 가죽 부자재 신발 재료 도매시장
　(新濠畔袋料鞋材配件批发市场)
㉙ 메이보청(美博城)

# 광저우 주요 시장(중산빠루, 타이캉루)

❶ 중산빠루(中山八路)
❷ 리안광장(荔湾广场)
❸ 광저우 안경성(广州眼镜城)
❹ 신장 안경성(信江眼镜城)
❺ 안경 시장(南夜眼镜市场)
❻ 완링광장(万菱广场)
❼ 더보우 교역광장(德宝交易广场)
❽ 타이캉루(泰康路)
❾ 신타이캉 장식성(新泰康装饰)
❿ 신발 상가(大都市鞋城商铺)
⓫ 빈펀 신발 광장(缤纷鞋业广场)
⓬ 복장성(新中國服装城)
⓭ 홍비엔티엔 복장교역중심(紅遍天服装交易中心)
⓮ 스산항(十三行)
⓯ 동지광장(东急广场)
⓰ 싸이버광장(赛博广场)
⓱ 밍후이따사(名汇大厦)
⓲ 화린 진주옥보석성(华林珠宝玉器城)
⓳ 이더루 국제완구문구광장
　　(一德国际玩具文具精品广场)

## 광저우 주요 시장(싸허, 용푸루)

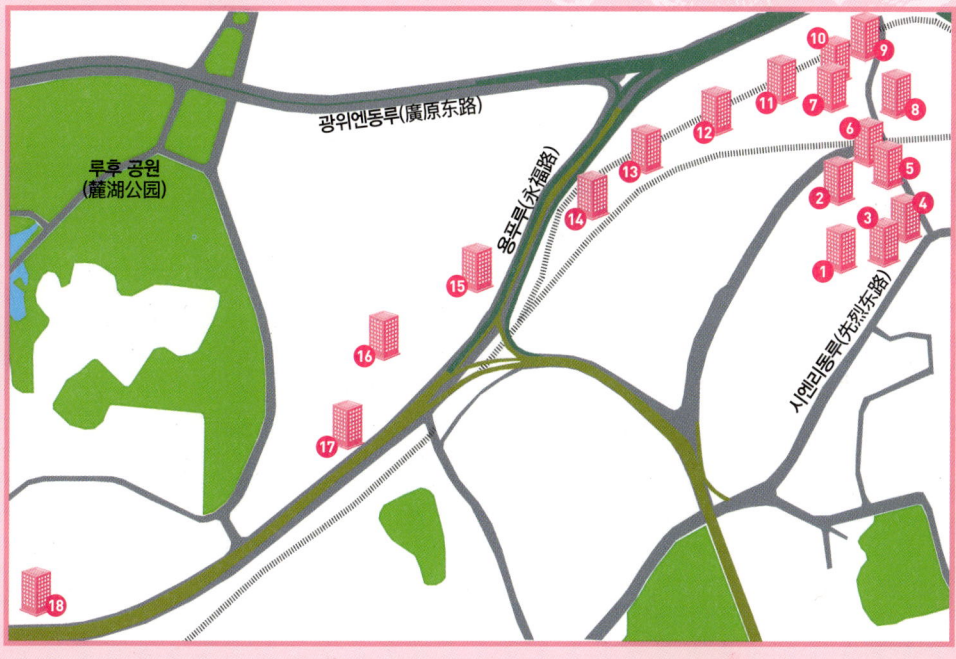

❶ 완지아 의류 도매시장(万佳服装批发市场)
❷ 창윈 중심 시장(长运中心市场)
❸ 싸동요리 의류 도매 남성(沙东有利服装批发南城)
❹ 찐마 의류 교역성(金马服装交易城)
❺ 광저우 창윈 의류 시장(广州市长运服装市场)
❻ 싸허 복장성 최초 의류 도매시장
   (沙河服装城第一成衣批发市场)
❼ 국제 의류 도매성(沙东有利国际服装批发城)
❽ 의류 도매시장(长城服装批发市场)
❾ 티엔바오 시장(天宝市场)
❿ 광저우 이민 복장성 A구(广东益民服装城A区)
⓫ 광저우 이민 복장성 B구(广东益民服装城B区)
⓬ 광저우 이민 복장성 C구(广东益民服装城C区)
⓭ 광저우 이민 복장성 D구(广东益民服装城D区)
⓮ 광저우 이민 복장성 E구(广东益民服装城E区)
⓯ 용푸 자동차 용품 시장(永福汽配城)
⓰ 광저우 용푸 국제 자동차 용품 시장
   (广东永福国际汽车用品城)
⓱ 리위엔광장(利远广场)
⓲ 진헝상예광장(锦恒商业广场)

## 이우 전체 주요 시장 분포도

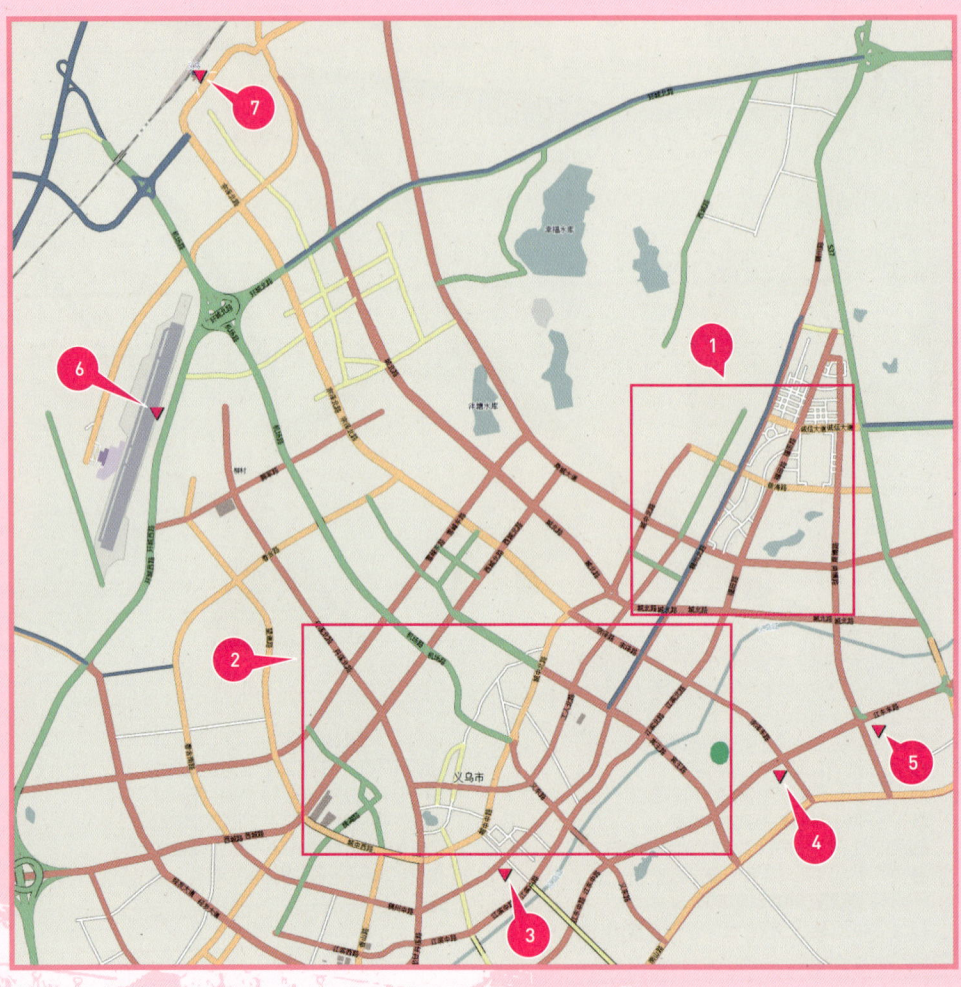

❶ 이우 주요 시장(푸텐) 지도 참고
❷ 이우 주요 시장(중국소상품성) 지도 참고
❸ 중국소상품성(황위엔 시장)中国小商品城(篁园市场)
❹ 용씽 종이 시장(永胜纸品市场)
❺ 샤왕먼 시장(下王门市场)
❻ 이우 공항(义乌机场)
❼ 이우 기차역(义乌火车站)

## 이우 주요 시장(푸텐)

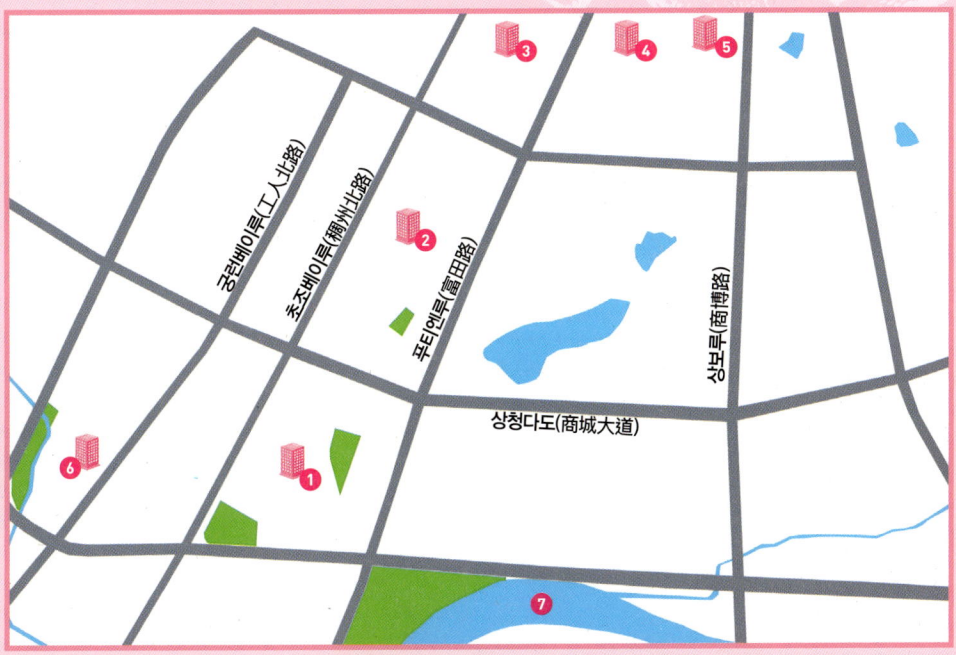

❶ 푸텐시장1기(富田市场1区)
❷ 푸텐시장2기(富田市场2区)
❸ 푸텐시장3기(富田市场3区)
❹ 푸텐시장4기(富田市场4区)
❺ 푸텐시장5기(富田市场5区)
❻ 이우 자동차 용품 도매시장(长春汽车用品专业街)
❼ 이우강(义乌江)

## 이우 주요 시장(중국소상품성)

❶ 재고 시장(库存市场)
❷ 이우 디지털 시장(义乌数码城)
❸ 원단, 지퍼 전문 시장(拉链专业街)
❹ 우즈 시장(义乌物资市场)
❺ 이우 장식 용품 시장(义乌装饰城)
❻ 스치아토우 장식 재료 전문 시장(石桥头装饰材料专业街)
❼ 이우 부식품 시장(义乌副食品市场)
❽ 농마오청 야채 도매시장(农贸城蔬菜批发市场)

## 칭다오 전체 주요 시장 분포도

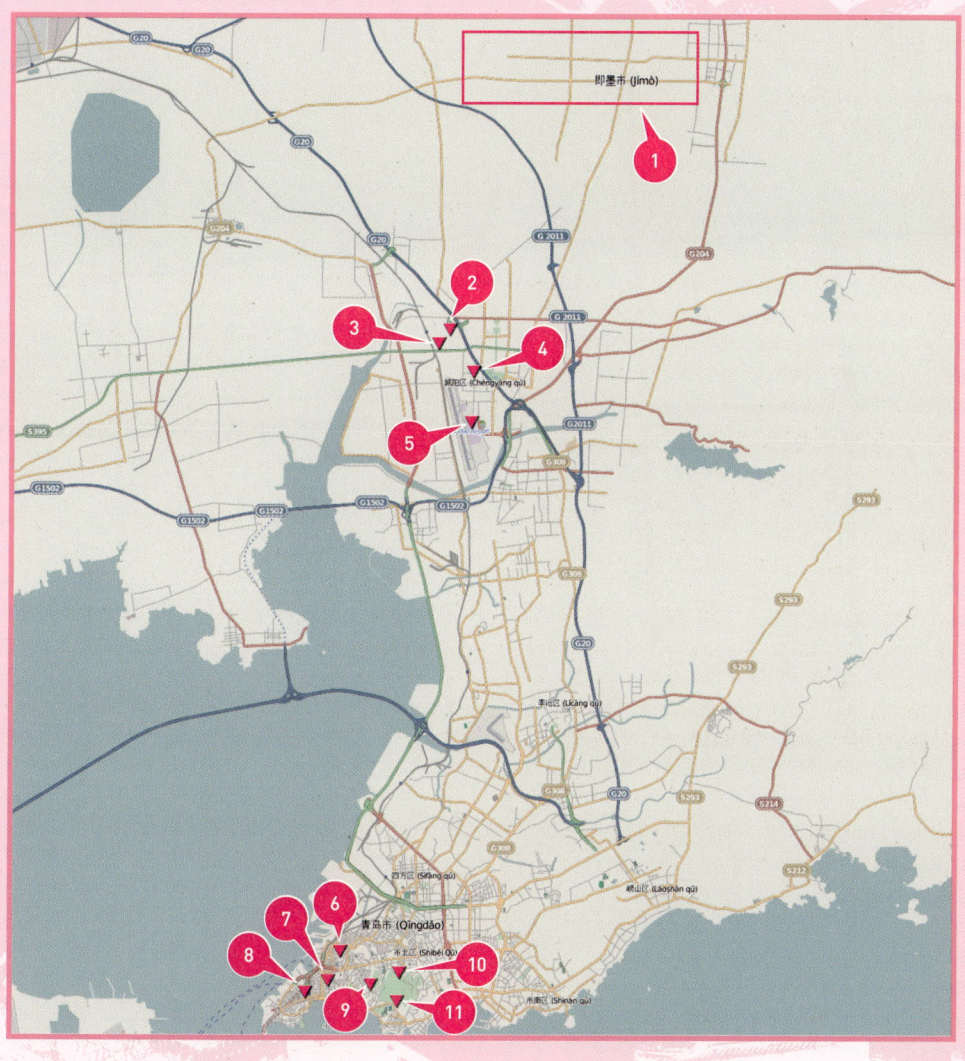

❶ 칭다오 주요 시장(지묵 의류 도매시장, 소상품성)
　지도 참고
❷ 민생 상무성(青岛民生商贸城)
❸ 칭다오 청양 도매시장(青岛城阳批发市场)
❹ 중한국제 소상품성(中韩国际小商品城)
❺ 칭다오 류팅 국제공항(青岛流亭国际机场)
❻ 칭다오 따강역(青岛大港站)
❼ 지모루 시장(即墨路市场)
❽ 칭다오 기차역(青岛火车站)
❾ 칭다오산 공원(青岛山公园)
❿ 쥐린 공원(榉林公园)
⓫ 중산 공원(中山公园)

칭다오 주요 시장(지묵 의류 도매시장, 소상품성)

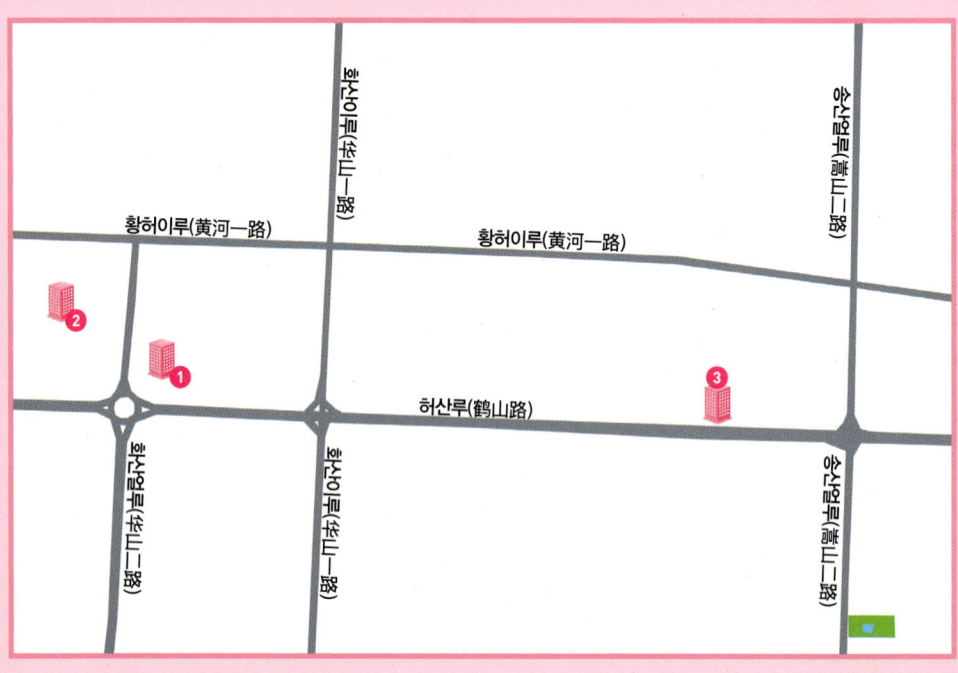

❶ 지묵 의류 시장(卽墨服裝市場)
❷ 지묵와이마오청 의류 도매시장(卽墨外貿城)
❸ 지묵 소상품성(卽墨小商品城)

## 선전 전체 주요 시장 분포도

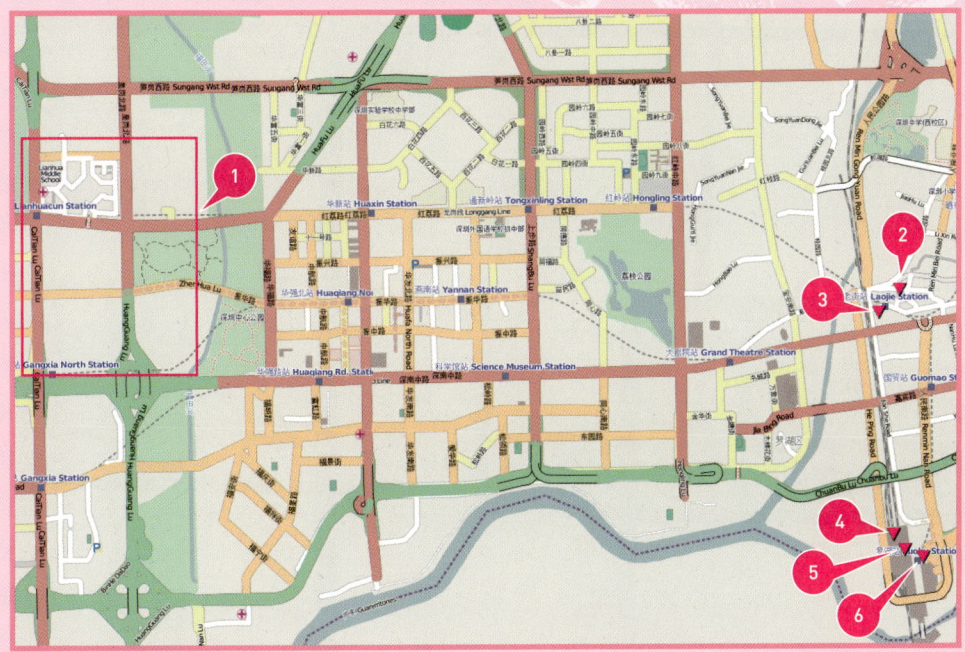

❶ 선전 주요 시장(화창베이) 지도 참고
❷ 선전 동문 시장(深圳东门市场)
❸ 라오지에역(老街站)
❹ 선전 기차역(深圳火车站)
❺ 뤄후역(罗湖站)
❻ 뤄후 상업성(罗湖商业城)

# 선전 주요 시장 (화창베이)

① 화창 광장(华强广场)
② 화창베이 전자 시장(华强北电子世界)
③ 지아허 화창 빌딩(佳和华强大厦)
④ 대도시전자성(都会电子城)
⑤ 신아시아 전자 상가(新亚洲电子商场)
⑥ 사이거 전자 시장(赛格电子市场)
⑦ 사이보홍따 디지털 광장(赛博宏大数码广场)
⑧ 디지털성(远望数码场)
⑨ 만하시류 광장(曼哈时尚)
⑩ 마오예 백화점(茂业百货)
⑪ 사이거 광장(赛格广场)
⑫ 사이거 경제 빌딩(赛格经济大厦)